Welcome!

Thank you so much for purchasing this word search! I hope you have as much fun as I did creating it!

If you do be sure to leave a review it would be greatly appreciated!

Have fun and enjoy!

Instructions:

How this Word Search works is you are looking for the words that are underlined.

Keep in mind there are no spaces or dashes in the puzzle.

Other Fun Bird Products!

Easily Distracted By Tits
Funny Birdwatcher T-Shirt

Birdwatching Journal Notebook (Light Steel Blue): A Bird Watching Log Book for Birders: Perfect 6" x 9" Size | Great Gift for Bird Enthusiast's

https://amzn.to/3OaM1V1

https://amzn.to/3Ouli5E

Birdwatching Journal Notebook (Antique White): A Bird Watching Log Book for Birders: Perfect 6" x 9" Size | Great Gift for Bird Enthusiast's

I Love Tits
Funny Birdwatcher T-Shirt

https://amzn.to/3OckIcW

https://amzn.to/39HThbO

Parakeet's & Parrot's

```
E X Y P F R F Y G E T C E N A X P C A G D N Z
S R G P T E R O L R L E X E M S A O Y H B P I
X Y N T O D O N C A I X K R O P V U Q K Q A Q D
Q E S F P C N N Z W L P O P J D S H P X E E I Z K
C L W Z H R R N B Q A J M G R E E N V N I G P D X
N L C U W O U M B M C S I Y E B X I F H L K K M U
D O Y S J W P O C G C L T J R E A R B Z P E T Y S
Z W I M I N O N H Y R Q R D F U Q J X X E Y D T P
H H W G S E R K E L O R E M U U E G P G S A P L F
M E J S E D F I H F W I D E S V L J H A N G S I K
U A I L O O X B H G N G Y A M P F K L C U A N F X
T D L V A F I E O R E F N L B L U E C R O W N E D
M E A D B O N O V V Y D O H Y M B U L C Y D T P M E
F D X E I D R U E N Y A Q F D Y J T U D V H E T H
P S P D V Y E L L O W N A P E D T Z H U V I J A R
T W H I T E W I N G E D X O N K U S N S B C R U E
D K Z D D I J A B T E J L Q I A H C A K L K E R M
K B R Y E L L O W C H E V R O N E D N Y H B D E R
A N Y L H C R G T P E H H N H J Q J D H D I M D H
H X Z V R Y U R B O C H L M T Q C N A E K L A L X
I O V H V T T V B X L P L D B P Q M Y A V L S O B
Z B K L I S E C X W A O N D V D J F R D L E K R W
X Y P F Q W I P R F C Z U Q I Q V Q T E T D E E H
L C W Y O S H V A N L T K C A E D G T D M D D D I
Q F V G H L D E N F G B E G F V Y G E F R I Z V T
```

Blue-crowned Parakeet
Dusky-headed Parakeet
Green Parakeet
Mitred Parakeet
Monk Parakeet

Nanday Parakeet
Red-masked Parakeet
White-winged Parakeet
Yellow-chevroned Parakeet
Lilac-crowned Parrot

Mealy Parrot
Red-crowned Parrot
Red-lored Parrot
Thick-billed Parrot
Yellow-headed Parrot
Yellow-naped Parrot

Auks, Murres & Puffin's

```
V D B R J J W T K T M T R D L J R E X T T D X G
X L C Q J O C A R V E R I S K Q X U Z M F O V N
E L E A S T A U K L E T H M F X Q Q O T Z H W X
B L B W G G R G U E C N G S W B H S H M O L H E
L U F G V N P O C X L P Q R Z J N O Q S N S I Y
W V M T F A A O A K R Q T S C R I P P S G H S U
I E W I H A R J X Y I V D S J V T R V O N Q K F
B A U D X V A E K X H I H O R N E D I I M U E Y
X N B L A C K G U I L L E M O T A X T T A B R B
J C R T D W E Z I O C H C L L F D S G E R E E A
C I A P W B E I F S B Y Q X Z E C N T A B G D C
O E T Z Q O T C V C Y U K C M T I L I D L U X W
M N Q W Z U R A Z O R B I L L P Z X F Z E A N I
M T G Y P L D M M L I Y T C L M O H B R D D U B
O L L O N G B I L L E D T W S T P E S W Y A S P
N W Z J X T H I C K B I L L E D G T E P Q L W Y
M E C U K R D U M G K H I O Z C N K V E E U U H
U X A J H E B S B Z K W T X V W X V B T N P W F
R V S A D T Q J C V U U Z L W D P A I H V E H Z
R Q S T F U M V Z S F F S R H I N O C E R O S H
E D I B J F P I G E O N L B T Y Q U E Y L I T E
N S N E F T C S Y I T P D O V E K I E D A Q F R
D X S D A E Y X Q W A T L A N T I C E S G B X J
M Y E U F D E A Z C R E S T E D A L N G E B T U
```

Ancient Murrelet
Atlantic Puffin
Black Guillemot
Cassin's Auklet
Dovekie
Horned Puffin
Marbled Murrelet

Razorbill
Scripps Murrelet
Common Murre
Carveri's Murelet
Crested Auklet
Guadalupe Murrelet
Kittlitz's Murrelet

Least Auklet
Long-billed Murrelet
Parakeet Auklet
Pigeon Guillemot
Rhinoceros Auklet
Thick-billed Murre
Tufted Puffin
Whiskered Auklet

Blackbirds & Orioles

```
X Z U G G F P K S N B H Z Z W H W C G D B H H A M B A
R H R D P U K D H D R F R B R O W N H E A D E D H U Q
U L F L H E A V H W O Y S E W O W B V Z P B Z N R A S
B O A T T A I L E D N F H G E D A U M S S L J B N U Q
B R V G A B G G D T Z U A H A E E L G E P A M A Z S R
S S F Q O B X O X W E P F V S D M L F V O C A T I H F
B O B O L I N K T K D J U D T T A O N P T K U L W I K
D W T R I C O L O R E D Q T E Y I C K N B V D F W N V
N Y E L L O W H E A D E D F R M A K I R R E U Z O Y E
M P N I V Y R R B U W H X S N N B S T L E N B J M C K
H K X A X A E C Q B A L T I M O R E S V A T O O X O D
W P Y C L V D H Z E Q G S I E L D G T Z S E N C M W I
E X V C X G W Z Q Q F U F J A K H Y R K T D S W A B B
W I S O K U I S K T F G N Z D R R X E Y E T Z G F I O
L Z Q M H I N Y E F R L L E O G I G A P D B Z F P R R
V L I M P X G U U E V S X D W F E Z K A H F B C F D C
S B F O L J E X E X G O J X L W T J B U A N L L J S H
G A T N S M D N H Q W Y O I A A L T A M I R A W Q M A
F G Q G R E A T T A I L E D R U M I C K S S U C P B R
P H Y R U J V B A V H Q I U K M X P K R L X M N M L D
K O Z A B M S Z F H L G P X N O Q L E U Y P P D V H U
Y X F C J V J H W J Z D H Y T U M S D T Z J I T D X T
V Q E K Y K T Z B A Q G Z R U S T Y B L A C K B I R D
U D O L J J W B J O W E S T E R N M E A D O W L A R K
B H N E X B Y B R E W E R S B Z W R L V G B J Q N L L
O Z T Q N M H N Z Y S C O T T S O R I O L E S G G A O
W I D Z P G R J L S W X H F L G E N Q T S Q O Y J R H
```

Altamira Oriole
Audubon's Oriole
Baltimore Oriole
Black-vented Oriole
Boat-tailed Grackle
Bobolink
Brewer's Blackbird
Bronzed Cowbird

Brown-headed Cowbird
Bullock's Oriole
Common Grackle
Eastern Meadowlark
Great-tailed Grackle
Hooded Oriole
Orchard Oriole
Red-winged Blackbird

Rusty Blackbird
Scott's Oriole
Shiny Cowbird
Spot-breasted Oriole
Streak-backed Oriole
Tricolored Blackbird
Western Meadowlark
Yellow-headed Blackbird

Boobies, Gannets, Albatrosses & Other's

```
I W R X K E R M X Q P Y R F B J D R N V C Y S W F T
G O F P L A I N C H A C H A L A C A R S E B I B A
G C Q S X C N B N C U F B B P D N F H M L Z X M K
E O S W O J R R D J I Y Z F E B K L J W T I A I I
X G R V R E F O R E D W H I S K E R E D E O T S W
B U S H T I T W L X X Z W S H S U W F Y H N B B N
Z K C C N N Q N N T P Y Y L W S M H C V A O L F N
N L W D M T E I K X C F Q K M P K R K J U R U G G
E G Y A Q Q T S D M K T C C G H D A M L B T E X Z
J D V X H O G I P S H O R T T A I L E D A H F T N
S J K Y Q I X Y E L L O W N O S E D P V R E O L B
F N K M H E E I W V Y Y O T K J G X E Z N R O S E
C B M J T B R O W N C R E E P E R J D H O N T B Z
Y Y E Y Q Y P C G J K A W S G V F H I H W G E G M
J L R N G D W D Y R X D P Z L W D N C O L A D K P
E A W A N H I N G A V C D K B W U D F O T N I P B
H Y D T G L V W C A X R R J F D D U B O L N P S D
Y S H N J Y K L R E D F O O T E D V K J W E P M C
Y A Z Z K B O J F R O S E A T H R O A T E D T B A E
O N L S B O M D Z V M Z Y W C Z G V H A T X L S H
E H X H E O R R R Y A G Q T V G A X T K B E Z K P
M R F J Q S N T Q P J D X Z I T U P Z C R J A E R
H J V R H K Z E K U A I B R V X D W E X Y J O D C
M C S X V O I Y H R O L E Q M M Y C I M U B I Q Q
X B L A C K F O O T E D Z Z T B A O F O V K L O Q
```

Blue-footed Booby
Brown Booby
Masked Booby
Red-footed Booby
Northern Gannet

Black-footed Albatross
Laysan Albatross
Short-tailed Albatross
Yellow-nosed Albatross
Anhinga

Barn Owl
Rose-throated Becard
Red-whiskered Bulbul
Bushtit
Plain Chachalaca
Brown Creeper

Cardinals, Grosbeaks & Buntings

```
B U C R I M S O N C O L L A R D U I Z A X H J V W Q
K R G F C Q D S Z H Q D N W D J A N L T T Z G V K H
N P W S T Q I B T P X O J C Q T R J E W U G B P W B
V G Y I V X C B N Q J C T B S T E G R S F G R N H O
Q O A X F Z K K F R N F F L B A Y V O Z Z F I L Y H
I M O X J L C U P B Q Q T U I K A C S E M A C T X J
N V W W X J I C Z L A F C E F R U T E W B F W W L M
D K R T O Z S Y F A U Y F B A V J W B A Q V X E I K
I O C Q M G S X O C E Z S U M M E R R P A X Q S G L
G S G E P K E Y Z K G F C N Y Z S M E C H F X T Q P
O J N U V Q L Q B H V B H T T W U V A R I E D E S Y
B A H A S C A R L E T L H I B G A J S Z C M L R M M
U F C I M K P J N A V U H N A S W L T L C R F N S N
N L Z M V T H T Y D I E K G I Q C D E E S H W J V H
T A J Y M I Q H X E G G H R G B Y M D R I Q P E U
I M L Q I B N T P D F Y R Q Y B O I B S U G H Y B G L
N E U J K P Z W A D V O I J J Z S C W B N U C J T O
G C C E T W H W I Y X S M Q O P Q B S N F N O S W X
Q O Y F H F E R N L O B Q A A G E H G R D O O K P I
B L L A Z U I L T Q K E Y C K M L J K Z D Q F E N A
U O O H G G S V E Q T A H E P A T I C T A N A G E R
G R H K Q Q H E D A X K P F G G B R F X I R Q X X G
F E D S U G B U U C G W L G S N Z C B F L N V M A U
P D D E H T M N O R T H E R N C A R D I N A L U T I
B N B J Z F J S D P A V O P F R S D T C W C F F X L
S Q V R U B K P J T K M F N I M T G S D D G A S T C
```

Black-headed Grosbeak
Blue Bunting
Blue Grosbeak
Crimson-collard Grosbeak
Dickcissel

Flame-colored Tanager
Hepatic Tanager
Indigo Bunting
Lazuil Bunting
Northern Cardinal
Western Tanager

Painted Bunting
Pyrrhuloxia
Rose-breasted Grosbeak
Scarlet Tanager
Summer Tanager
Varied Bunting

Chickadees, Titmice & Cormorants

```
I T Y N J V K S F M J F F Z Q Q G B T J A P I Y L X K J
Q C H E S T N U T B A C K E D B O O R A Q E L Z Y E B Q
V I J X U G B M B I G G W A P L Q R C U S L X M U B R D
V E S L W B L A C K C R E S T E D E V V L A D E O H E O
G F A D Z B J Y B L V A K O M O U A E O B G J X Q K D E
I S V Z Y P W M M H K Y E V O O N L E O L I I I V D F F
Z H V O U O Z K K H V V U K X C U Q A C A C L G A W
R K T L C X K C D D G E F V N H T H X P C C Q A M R C J
J T H G S S A I F D J A Y G T N T I M H K O X N N E E Z
O A K T I T M O U S E D P E A I Z C C A C R D C X A D T
H L G I T T A F O Y U E V O I O F K J S A M O H P T P H
U K S A G A Z F S B P D K J N W Z A D C P O U I B C W C
T D Y G D N J U G R M Z N J C G M D H Y P R B C T O H G
M K D D E B U N Y I R B Z M H A F E M F E A L K C R W D
D F D F T H N Z P D I K K M I K P E E V D N E A I M K Q
B Y V K H A I P G L X J X W C R E D K X F T C D F O W V
P E E S X S P P P E D K K T K S M V A O Q O R E R R B C
N V T V R U E W P D C N Q E A D C O E M N F E E Y A Z Q
U A L M B Z R F K T X F F E D O K A Y E A J S W T N C E
A Y T Y Q M T Q L I G Q T N E G T I G X K L T N D T B P
E W C Q P E I I Y T N N E Y E P Z W U V N Q E E F N S S
J P D E C G T H P M O L A U P Z K W G Z W F D H H U V U
T I C P W D M O M I H N Q B Q U Y U R L R S U I Y M J A
S C A R O L I N A C H I C K A D E E M D C H A I O Z U G
M B F A C T C N Q E G F Z T U F T E D T I T M O U S E T
I T A U W X E W J U M V E E H E R L F Q H F G H A H P
Q V X L B R A N D T S C O R M O R A N T R T L K N M Z O
X C Z Q I O R Z U N E O T R O P I C C O R M O R A N T F
```

Black-capped Chickadee

Black-crested Titmouse

Boreal Chickadee

Bridled Titmouse

Carolina Chickadee

Chestnut-backed Chickadee

Gray-headed Chickadee

Juniper Titmouse

Mexican Chickadee

Mountain Chickadee

Oak Titmouse

Tufted Titmouse

Brandt's Cormorant

Double-crested Cormorant

Great Cormorant

Neotropic Cormorant

Pelagic Cormorant

Red-faced Cormorant

Crows, Magpies & Jays

```
F S P X G U V V G V Y F A T C D J G D N S Z K T M I G
Q H I U E Y B R T T P P S P O J V S O L W I V Q I
W I M S M Z G E R Q F E K G Q U V T R Y C Q S J J U
T S L G C W L E V X H B D A X X Y E T E T J L N U A
E U R A S I A N J A C K D A W C D L H L F I A T A B
S B X U W U G J L U Z H Y A K A G L W L K Z N K Z D
W F L O R I D A S C R U B R O W N X E E O S V D L N Q
C D Z X A X H Y U R X A C N V A G R S W T V S Z C G
H Y D X M P N X I T W M H U B D O S T B S H C V L D
I A B W E A R R Y A O T T Z Y A C B E I O B R J A R
H U L V R W Q G T M O J D D M R A L R L F A U I R R
U G A L I K L T T A D W F F B N L W N L B L B H K B
A H C F C R L E H U H J P V Y B I C C E P S B O S U
H W K C A S O D H L O S N C R M F M E D E J W N N X
U R B X N O X L G I U N C B T T O R W F K S D B U T
A F I S H C R O W P S D I R S M R S M J U X R R T T
N M L S O N E V Q A E D K O P V N R U H W J L W C N
R Y L K O Q P B L S S Y O B B N I X O A J F F F R T
A E E E B H D E Q C S Z D E L M A B R O W N C F A B
V R D D O R X C K R C L W Y U M S M E X I C A N C R
E Y D O P V R Q B O R H Q Q E B C D O Q W C Z A K G
N P S R L S Y Z D W U O I S J B R Q U P P N Y L E P
H U C U O T L Z I Q B W V I A O U J X E U W Q M R C
T W E S T E R N S C R U B Z Y R B B W N A W V Z M M
H I G L Z P G P R C J C X Z I I Q Z N E H H N X S J
P M P P Z G H W C P I N Y O N R M D R M S Y P T P R
```

American Crow
Black-billed Magpie
Blue Jay
Brown Jay
California Scrub-Jay
Canada Scrub-Jay
Chihuahuan Raven

Clark's Nutcracker
Eurasian Jackdaw
Fish Crow
Florida Scrub-Jay
Green Jay
Island Scrub-Jay
Mexican Jay

Northwestern Crow
Pinyon Jay
Steller's Jay
Tamaulipas Crow
Western Scrub-Jay
Woodhouse's Scrub-Jay
Yellow-billed Magpie

Cuckoos, Roadrunners, Anis & Falcons

```
U E W Y A L N M N A P L O M A D O J R C D O D N W I V
X T V I M J A I J T O X Y D J P P E M D D R D H D
L S D L E N Z Y E R T V E F N T Y C K O M B V F Z I C
V F N O R J C N U I P W L S G C N H G Y H Z C H S E Y
Q F P D I D F R R G W C L R K Y G T M L R J V F C P W
D F L T C R E T A G N R O C Q F C C I T Y P I J C Q Y
T R C A A F L F S O M E W S K C G P E R E G R I N E C
C C T R N W I Y I H L S B E V R M P C F J G U U U H
Y P T V K D Y N A Z V T I I O V L E F G Z C U V I U V
M Z A R E J X A N H J E L N T L L U O R C G J B H I C
A Z T H S Z Z U H Z T D L F Q J A R S E X Y P H D X O
N L N Z T Q X D O I W C E K F I E A J A Y R D L E J M
G L H X R C P R B D E A D H B R S S O T X F M W B S M
R L S P E B M D B G R R N V M G Y I S E K A G B S Z O
O V F Z L G O A Y X J A Z G I G W A Q R Z L U D K Z N
V K M E R L I N W D L C G N J A Y N T R Z C L O S G
E N I H B Z R O U H D A H J J Z D K T O E O Y V B U
C C J Y L P R I M S P R A I R I E E U A A N T V V C
U Q K R Q B Z B P R L U G A J R R H S S D D D M Q Y T K
C X R B G M M I I J K Z G S R Y X T K R Q O B I D J O
K J O O R S M O O T H B I L L E D R V U W B U B M C O
O I G T X T A T N O K Z N Z U D C E K N A A J P H Q A
O A V G G R O O V E B I L L E D X L F N S R Z J F B I
X R M V P X Q P C H M D M M V D C S V E E K M Z O B D
O J S A V B L A C K B I L L E D W T J R F S L O J W F
D M T E T J E Z I Y N K Q I N G Y N W R Z P J W D H R
I D T G R W Y H R Z P F F F X J M A U L O V V K Z V V
```

Black-billed Cuckoo
Common Cuckoo
Greater Roadrunner
Groove-billed Ani
Mangrove Cuckoo

Smooth-billed Ani
Yellow-billed Cuckoo
American Kestrel
Aplomado Falcon
Crested Caracara

Eurasian Hobby
Eurasian Kestrel
Gyrfalcon
Merlin
Peregrine Falcon
Prairie Falcon

Ducks & Geese

```
W F R Y G T D S Z Q U X C D A D G H O U G S P U E F
C O M M O N M E R G A N S E R A C H H N T H I P T J
M M Z H G X F J C T W W I L P M O G D O K C P N S R
N W F D J Q A M C H M N U W R C M C D J R V M S N O
G A A K R O S X V A J P I G P A M X F S N A U H Y G
K D M B R A N T G N B G H G K N O A S L C B X P E T
E V W Q M O A L F A L G X Q R J N M A C C Y N A I M
B A I K A L T E A L W Q A S L A E E F A Q Q O M H R
Z D M I N E M W W N D L V C K V I R J G I D T F P V
G B L A C K S C O T E R F P G Z D I M J W K R O E F
F B L U E W I N G E D N H W E Q E C D Z Y F T X S B
A M E R I C A N W I G E O N Y H R A V S S U P L F U
I M M O B U C O M M O N G O L D E N E Y E T X J W F
A B G S Q N A A U O P Z N L K K E B T W C M W V V F
B A R R O W S G O L D E N E Y E X L R T A L H J F L
S B W P X K I R D P H H C N E Q Q A U U N G I D H E
H H M P V A Z E D C M K A K T L N C M F V Y S M C H
H N U I Q E M V K T L S N U K B C K P T A J T N L E
V D J J Y V A W V G L F N A O R G E U E E S H L U Y A
Z O L X A X I O M A Z W D T K X D R T D B G I N A D
D X U V R V O D I O F V A K S V Z A E Q A P N Y S P
B A M A C L E Y A S L B G C G F O A R L C G G Y T D
V S Q E C A C K L I N G O O S E W N S S K M D Y E B
S U R W Y Y B T U K A H O U B W J A W R H X U P X I
P V G L O F N M L U K U S V J X I C A X N I C E V X
C I N N A M O N T E A L E G R G Y E N E T S K G F T
```

American Black Duck
American Wigeon
Baikal Teal
Bamacle Goose
Barrow's Goldeneye
Black Scoter

Black-billed **Whistling-Duck**
Blue-winged Teal
Brant
Bufflehead
Trumpeter Swan
Tufted Duck

Cackling Goose
Canada Goose
Canvasback
Cinnamon Teal
Common Eider
Common Goldeneye
Common Merganser

Ducks & Geese

More Ducks & Geese

```
J S A E A Y K N K C G G A R G A N E Y G V E N F A G I H I
O N T X C R C D S M L O X G R E A T E R S C A U P Y L Q R
D N L Q S U S P S P S J S O Y E S X R P M D Q B T K T E H K Q
K P J D U H R O G O O F S L T H P P T V W D C T T M S I Y
T J I K X E E F H M U X O K E X X K Z Y H K L U L P Q N R
Y I L E D L I Q S S F A J P C Q K G C Q I Z G N E E W G Q
G W H I T E C H E E K E D P I N T A I L T L O D N R I E N
R G Q T E A C Q V P N R J Y M H J T N Q E O G R G O G I J
E L R E U I Z K C K H Z D Z E L I P L A W N U A C R P D F
A Y J S R Q C H U Q A X B D U Z F G I D I G U S S G F E G
T N V A A D C Z K E R E F M L M H A E S N T U W Y O E R F
E D R K S P Q Y H I L I N Y R X A D F L G A V A D O B L A
R I C M I Z A A Y R E X N S Q O O W E M E I O N B S Q G L
W Z T Z A S Z W K A Q M F K L J U A L L D L J G Q E T M C
H I U Z N W X V D O U P F W U I B L E S S E R S C A U P A
I L I O W G B Z M P I D X P Z G C L E Y C D P T F G H P T
T I A T I O Y S A C N V K N W M I E G U O D J H N C W M E
E F A I G J W F I G B M S K K O I D Y S T U K R L H H F D
F Z N S E W E G T S T X L G S V B H P T E C Y A J Q B K D
R U U Z O K I F U Y Z S S L R E M O T Y R K G Q O C F U U
O E M X N I K Y P F U L V O U S W H I S T L I N G G T M C
N F M O M V N Z D R M U B S G O U P A G C V G M Y R L L K
T K Y G W U M X D F K P Z H Q M F E N R V W A N B W D I H
E H H G R E E N W I N G E D T E A L G X W S K W A M A I N
D S H B K H V M Y V W Y A H X O R V O Z K V K T D M S U E
F I Q J U N Z A N Y O M A L L A R D O E Q V K V A C E U R
T U V T N S W L R W B I R F B I O O S D S C C K K P I V U
R P G I S L S U X S W O W Z N N L C E O Z J I Y Q X D E L
G P G L M F D L L Q H O O D E D M E R G A N S E R I B V F
```

Egyptian Goose
Emperor Goose
Eurasian Wigeon
Tundra Swan
White-cheeked Pintail
Falcated Duck

Fulvous Whistling-Duck
Gadwall
Garganey
Greater Scaup
Greater White-fronted Goose
Green-winged Teal

Harlequin Duck
Hooded Merganser
King Eider
White-winged Scoter
Lesser Scaup
Long-tailed Duck
Mallard

More Ducks & Geese

Even More Ducks & Geese

```
R R U C M Y O C X Y C L B S N O W G O O S E B T K D K E Q U
D R O S S S G O O S E J E D C N M U A U L H M Q E V C Z
G K C L J L L M L A C K Q N O L O I B E U M Q E D V G N V O
M Q F P B O C S A X T I U T N N Y R E D H E A D R T G S T
L X J V F I O M N F H U G H Q Z K M U W D A D R T K S H Z
C A Z P G F F A R E D B R E A S T E D M E R G A N S E R T F
T F I G Q R D S K A R J U W D O D M W M W A E K C R O X T I
Q F B W R O T K R Z D D M Z G O A L F P W X U Q I P S N Q P
M J S Q Q C Z E J W N G D Y T T I Q Y D D D Q P N K Q U K O
J X Z Z R R L D B D O I Y Y N O R T H E R N P I N T A I L N
T L W R P T A D G A Z M D Y Z F S S M U S C O V Y D U C K O
W N O F Z S H U D K J I U R J W G E E E O T U A G G Z H M R
R D O R F Z G C U B H D C F W K N S E O V U Q P B L M O S T
K Z D G N Z K K A O L P K G A O P I D N X P M H X X U Z O H
Y Y D K Q C F B H B P G Q Y Y J I F F U X S P R R I T T W E
Q U U O O W H O O P E R S W A N N O G R V U M P R J E I H R
C U C X A V C S T M V J L B O M K K Y L R R U E J L S M D N
D U K K F Y R R V O T O J D W E F J O O I F E W W U W W K S
T D O P O M U A Z A R S M E W R O I P W N S B W T T A D I H
M P Z B P O D D W X W J T P F X O C M Y G C P K X Z N T Y O
M O T T L E D D U C K Z M I J W T V B E N O F W D V Q N O V
H M T S B W S C U Q E I P O H E B F H E T S Y D Z V K R E
O E L P X B Q N Z I Q B C Z Y U D K M P C E Z R O V N A I L
Y D I U F N Y K W D Q R W D Z F G M E P K R U Y B V K A Q E
W S P E C T A C L E D E I D E R O M Z N E I F K H O R G W R
P B S T E L L E R S E I D E R T O A L G D Y D V D V F H I S I
X L D F M S K D A D D S I Q X E S E H C D I V W F V S B R A
H D E J I Q Z Q T G Y L Y V Y Q E O J F U H W X F H N U A Y
E N C Z J F T V P B D I L M B A G V T Q C E Z K P Y R S J C
U E G Q I W S X J H L H D W B B B T Y S K F N F B L W J K E
```

Masked Duck

Mottled Duck

Muscovy Duck

Mute Swan

Northern Pintail

Northern Shoveler

Pink-footed Goose

Whooper Swan

Red-breasted Merganser

Redhead

Ring-necked Duck

Ross's Goose

Ruddy Duck

Smew

Snow Goose

Spectacled Eider

Steller's Eider

Surf Scoter

Wood Duck

Even More Ducks & Geese

Finches

```
J C F U L W F N F Q U M H W Y U G W A W E H M K E I D
Y M G G X U Q R E D C R O S S B I L L R G V I J I L
H T A D Y P D K N W H A P Z X F H V S V Q R U E U I V
T O W V G E Y S E T G K I A K L N F Q A H U S Y P U R
D P U R P L E F I N C H B S P J G P U W E U T R U X K
G W G G T K V N E J P T K B R O W N C A P P E D Q O A
J U Z E P H K H J H B F V W T X L M H Y D H J G W M
E C L X I X T O M U K A H M L O R G H H Y D D P W H D
K A E B N T B A K R K O F K W W A L L Y I I Z A V O W
Q S S L E Z E R J N N Q A G H O M C P X G I F M V G H
L S S A G R H Y Z E G A H V O P B R W O R N S E T K I
F I E C R E M R J F B M Q P B X L T V O A C F R J W T
G N R K O V H E Z Q F Y C Z B Y I U N M Y P B I D L E
S S G R S E C D D I Y V Q N Y K N I L M C Y C R R W
X F O O B N A P N F U K Q L R V G B A O R W I A U M I
K I L S E I G O P I N E S I S K I N W N O P R N D I N
D N D Y A N J L U K R C F T A O S D R R W T F G R K G
F C F B K G K L W B V F D P W M T Q E E N K U O F W E
H H I Q L G H O U S E F I N C H T U N D E D I L W F D
X V N A H R Y F C J I U A I F X H S C P D Q U D P P E
U O C H M O T P G H D A V F U U M T E O G K N F G X A
F M H C Z S X Q T L B T H Y Q B O M S L V W X I T D L
F D R D W B W K I K U X S U O A T E H L B A O N F U H
P D P V X E J N U X D P J A A J U D B A E K W C D B K
X X Z Q K A I W L H Y E V G J T I O L E P I Z H X H A
Y S V F P K L L G V A T X W T Y A X Q Q Z O K I Z C F
H E X C P W O M F T W E C A S S I A C R O S S B I L L
```

American Goldfinch
Black Rosy-Finch
Brambling
Brown-capped Rosy-Finch
Cassia Crossbill
Cassin's Finch

Common Redpoll
Evening Grosbeak
Gray-crowned Rosy-Finch
Hoary Redpoll
House Finch
Lawrence's Goldfinch

Lesser Goldfinch
Pine Grosbeak
Pine Siskin
Purple Finch
Red crossbill
White-winged Crossbill

Gulls & Terns

```
B L A C K T A I L E D G U L L Z Q K K E F I Q K P B Y X G W
S N F Q N X G E N A G K H V Z H B Q D I S S I H Q A M Y Z G
R J E B M M L L C R Z A X L L Q E K H S T Y T O L Z L R A R
H O X B U Q A E D C O V F H J D C A S P I A N T E R N S K E
C J B L H B U G Z T B X G A V K G J Q O C F L T I R S N V A
A F Z A B C C A I I A C G H S P Q A L N E C Q P J E F X Q T
L R H C R J O N Q C E F Q B J F R D C Z F W T A U C O K A B
I A X K O B U T U T Y A C L T D R H V C Z X M S A H P Y F L
F N M S W R S T M E V S W T B L Y B U B K F D U A L X S I A
O K G K N I W E Q R G R T J J A L E U T I A N T E R N R R C
R L R I N D I R A N H J A V L S S U A G U B L X A F C V B K
N I V M O L N N O N R U H L H X P G M L M B M O C E A Z L B
I N F M D E G L O I Y W P N B D U D A A G L Y B M M B J A A
A S R E D D E A V W N D P R H A A O B U U Y V P Q M L Y C C
G Z K R Y T D C D A P F A B F H L N I C L H E W D W A R K K
U P L C F E J D L V L N S H A V P X C O L E P V K H C Q L E
L J Y F O R S T E R S S H Y C M A L H U B E N L F M K S E D
L D F O Z N L D Z C M B B F O P G T E S I R J G H O H G G I
E B H F B I X E C Z A F L M M J Z L R F L M F J T L E D G C
B L A C K N O D D Y W A A S M P S G R C L A R L Z A A T E K
V E Z G G J G I F F J G C G O J P F I M E N O J Z O D F D R
D C C R R K G W Z U B P K D N J X W N U D N T O X F E J K X
J T V U G Z D O I I B E T G T Z D Z G M T S D F L F D Z I T
E L Z T J N F P F D U N E M E C F A G U E E E Z N X G W T Q
V Z S H H J V X P K J D R Y R A I O U C R C Z I C P U I T V
B O N A P A R T E S P R N Y N H V D L J N U T C K S L P I W
F M K N N X E W L F Q I Z K F A W D L Y F A T N K S L V W O
Q H C D R E S R R T R Y I E Q N C I H G B I Z R Q R Z U A A
S E M R S W T E C E Z C D G B R E Z X P F Z A F L A V S K H
N R G P C R D J L V E H K N E Y M I S F K A W W F R M C E F
```

Aleutian Tern
Arctic Tern
Black Noddy
Black Skimmer
Black Tern
Black-headed Gull
Black-legged Kittiwake

Black-tailed Gull
Bonaparte's Gull
Bridled Tern
Brown Noddy
California Gull
Caspian Tern
Common Tern
Herring Gull

Elegant Tern
Forster's Tern
Franklin's Gull
Glaucous Gull
Glaucous-winged Gull
Great Black-backed Gull
Gull-billed Tern
Heermann's Gull

More Gulls & Terns

```
Y Q H F D H D D Q L P H T V O U W M D X H P R U L P P K
N U U N J Y L O L I T T L E G U L L R T A W G E U H X M
X O S H N E R I N G B I L L E D H O O X Y R L N X G T
M M O Y O U F K B Y Q Y B L K K B C G U R A T N Z X S C
S X X Y P Z E T R Z X R F D A T L G K W O T V Q I O L L
O X P I T N V W R W X I Y K X B O O B S S J J E S Q A S
O E M J F E T R D Z I Y F S E S G F S V E I U T J V T X
T N J R O Y A L T E R N R T K E F E A A A H B U J L Y J
Y Z P G M I P C J B P S A B I N E S D Q T F I B Y O B U
T S R D G L P P L R N C C W A O J Y N M E G D B H I A O
E W N G A O L H R E D L E G G E D K I T T I W A K E C T
R F N C Q K E L P G U L L A Z G W O X S E Y J C I Z K H
N F R B X N S B J M I Q L M K Q Q P M R A V P W Q E A
J R Q J F K S H R T I Q Z T Y X T W O Q N U K Q M P D Y
D A E G K Y E U I D C N W H I T E W I N G E D Q J V L E
K K Y W G E R K I T E I P K G R O S S S G U L L S U W R
X I V E L L B X T D L A Y X W U P T J N X L H Q A Z M S
S M C S U L L X J L A U G H I N G N W L B T T N N G M L
C J W T Q O A A H S N L V B E Y E G H H F Y W E D H C D
A B A E S W C M O W D M U W Z Q T L L U J O M F W B K M
W Z M R Y E K Q Z D P S Q B J X T O E C Q K L I B Z E
Z I X N J L B P R O U Y E L L O W F O O T E D T C L X R
Y V M G Z E A G H J L G Y Z G Q X R U J S C A H H T S V
C Q V U Q G C J V C L E T Z F S R B J A X M E W G U L L
S Y X L Y G K J U N W J L E A S T T E R N K O N A J K N
I D Q L L E E S E D G U N C A V I C E H G R C A F E N O
L B A K O D D M P Z D K E G X X S U W P O I H Q A A J G
V Z P W M M S S N R R X I V O R Y G U L L W Z P T A C C
```

Iceland Gull
Ivory Gull
Kelp Gull
Laughing Gull
Least Tern
Lesser Black-backed Gull
Little Gull

Mew Gull
Red-legged Kittiwake
Ring-billed Gull
Roseate Tern
Ross's Gull
Royal Tern
Sabine's Gull

Sandwich Tern
Slaty-backed Gull
Sooty Tern
Thayer's
Western Gull
White-winged Tern
Yellow-footed Gull
Yellow-legged Gull

Hawks & Eagles

```
B G U F J K O A M L D D R B G P T V D H M H T Z R J L
D S D D Z F B Y M B U H N X Y C G F H T U O N Q J T G
T Z Q X T G C H O O K B I L L E D K I T E E Y Q E X E
W V Q Y J D T J M Z Q V F A L Q V S T Y N I R B N J V
G G M U U O D N J S T W H I T E T A I L E D H A W K T
B G D A A Y B O V E J M S W A I N S O N S H A W K O I
V F E L S C H R C Y Y R X O V U C H D Z Q B S M I L C
X M V L H S L T O S W A L L O W T A I L E D K I T E O
Q J H T A K X H O M F E R R U G I N O U S L P A E Z M
N S M D R D D E P C B X Z P D X E M X K M C A I H K M
Z M X K P G B R E D T A I L E D H A W K I K K K P D O
H Q L H S P Z N R W P P V R P J N X I Q S D H X O H N
W W V J H E J G S H W U V O N L O S H H S G J Z H P B
C D I K I Q K O H I H U R G O P B H A X I O Z U D A L
V O R F N C X S A T W O O R R W R O R G S L D G Y H A
V X A Q N G S H W E L S P A T R O R R D S D U J W K C
I J S Y E G N A K T B J M Y H K A T I R I E Z Y H N K
R I W Y D C I W I A H K T H E U D T S O P N W B L N S
C R X X B I F K X I C I N A R H W A S U P E F A S T V
Q P R E D S H O U L D E R W N X I I Q G I A J L N H A
Z Y M U Q J I G T E W K G K H W N L U H K G F D A W H
X K Q B N K I I D D Y S Y X A Q G E M L I L K E I J T
A G O J B T M E M K K G N W R O E D G E T E G A L W G
M W Q U U K D J C I N U B W R W D H W G E N K G K M W
G D Z N H A F Y P T O U S G I A S A B G O R U L I Z X
J I Y C B L V K Z E L B G Y E S V W J E P S K E T O H
Z O N E T A I L E D H A W K R X E K D D C R B D E O A
```

Harris's Hawk
Hook-billed Kite
Mississippi Kite
Northern Goshawk
Northern Harrier
Red-shoulder Hawk
Red-tailed Hawk
White-tailed Kite

Bald Eagle
Broad-winged Hawk
Common Black Hawk
Cooper's Hawk
Ferruginous Hawk
Golden Eagle
Gray Hawk

Rough-legged Hawk
Sharp-shinned Hawk
Short-tailed Hawk
Snail Kite
Swainson's Hawk
Swallow-tailed Kite
White-tailed Hawk
Zone-tailed Hawk

Herons, Egrets, Bitterns, Flamingo & Grebes

```
O A P I K W J V D D E H S L X A C V U K B B B D T C J L B Q K T U
C R I B D E B E R P U Q K W Y B G S U G D L E Q A S E L B E M N
B S E B B S F J B Z Y X U F C O Y E K P D N K S H Z A C V X A R
G M D K K T H N G X K N L J E F V W K I O N L N A F S U L N G F
N S B O U E V F T D Y X T V S O K B K H Z M Q K C T J Y C A Y
O E I T F R Z M R W Z H F G L N C H B L J B R C L B O R Q O E
G C L Z B N M S V Z W U I M B T Q J C Q P W H V I R X W J I
K L L K O G J Q B C L U D Y Z O C I G K A U R J H B T A V H Z M
E I E Q S R M T Y O X B R A T C I X F O T A F Z A R T M U G J E
K T D J K E H H X L L E A S T G R E B E T M O I T X E V O T V O
M T V B P B O V Z O I A F Q R Q F Q F I L L S H S M R Q B H C P
W L U E D E W R H R P E R M H Z R Z K U E V O C N C N O Y P T T
O E G L V Z P M T E Z J G R E A T B L U E H E R O N B C Z M U G
I E E C V U J H D D R E D N E C K E D I G A Q N W S C C Z I C R
W G J A C W V L Y H H P U W I P W A B C R R F E Y Y H A L B P E
B R R R J O B Y W E V P P F W D V K R S E K G D E Z A H O H A E
R E D D I S H E G R E T F W E C J G V T T K B B G X H P X Y W N
Q T D H B D F L G O S A J F L C E I B P Q E V A R B A U L Z H H
Y W T R Z C X L J N B L H J M P P P W J T Z X X P E B P I S S E
O H S F O U O O J L S X E X V O J S T E X I P N T E A R N E D R
F Y M Z O Z O W M H H S A X V A M E R I C A N B I T T E R N B O
C W K R Q H D C K M U R Y O A R C T S Y O R X Q Z X J V A L P N
L V T D E N J R B K L G A C C U Q T G S X A E M Y B X M W S O R
K H N R I X U O J T A M E R I C A N F L A M I N G O X R I P L D
X J E F D D B W O L I T T L E B L U E H E R O N L F Z J B C G G
I T U Y H N U N E V Z W E S T E R N R E E F H E R O N Y W N Q W
Q D G A I G T E P X Z A O E J H D H X J G T F G Y E E P A J E Y
W O W M E J G D M W L C O B O B Z O U H E K H F O E V Y I W
L K Z N C G R E A T E G R E T P B Q Q Q H N R J R B O O G A H X
P A O A E Z F X N P G S G Q J M A N B C L A R K S G R E B E M
U D U G L Z D O Y K L E G R E P R Q J Z J R E K J L P R C G Z W C
V B L A C K C R O W N E D N I G H T H E R O N F R A M N B N I R
```

American Bittern	Little Blue Heron	American Flamingo
Black-crowned Night-Heron	Little Egret	Clark's Grebe
Cattle Egret	Reddish Egret	Earned Grebe
Great Blue Heron	Snowy Egret	Horned Grebe
Great Egret	Tricolored Heron	Least Grebe
Green Heron	Western Reef -Heron	Pied-billed Grebe
Least Bittern	Yellow-crowned Night-Heron	Red-necked Grebe
		Western Grebe

Hummingbirds

```
Z Z V U R A L L E N S H U M M I N G B I R D U F P D V E R N I F K
Z L K N E R Q O K Z I C T M B F A S R X F R R C R J H L U K K J K
Z Z Z M O R R H P A E W H K T B R O A D T A I L E D F C K H N
I Y O Z Z N H C Z E P N U U N E U Y N Q L F G H J A S B O K G D L
V F R C A L L I O P E H U M M I N G B I R D V A M P K Z U T K B M
W W W V B R I V O L I S H U M M I N G B I R D N X O W D S M N G F
C A D J R M N F E E D Q P E I E G I H Z M N R N M N A A H L A O J
J X B X O T W J G L K B F V I A B G K J Y A M A V D L D U U U O
O V Q W A J V Y R U V I O L E T C R O W N E D S F D I P M C H N K
Q A V J D E S G E K K Q T P E W D T W P Z M C H A R C C M I Y T C
M J U H B G H I E U X B Y K O J P I G A K Y C U B J E T I F E G Z
Z C M H I B L X N L B J Y K S F J J O D X F E M L S M Y N E Z J C
D M N M L P R J B S N Y I W H I T E E A R E D M U T F H G R F G A
K R B D L A L J R K J N V P W C O K U I V U Q I E G A W B J M U O
F N T D E D D M E X I C A N V I O L E T E A R N T Y I G I L T J C
S Y V N D A O E A K Z C L I K F U L I A Y J Y G H R A N R E K N W
K E M L Q H C O S T A S H U M M I N G B I R D B R G Z P D Z H A C
I O X N S W R Q T U S D U H J X M B E B P L B I O Y W H A F S V O
V I I Y W H F R E P E D P L E D R F X E D K U R A Q W K Y G P E Y
S C B F H K D N D K J A C N U W U W K P W L F D T E P V P E M Y Z
H Y D R L E D A M X H J V Y D I B L O I Q U F O E Q A V M A R N N
G U J R G J P N A A U Q E Z B P Y D T I X X B U D Q Q P T K Z H M
Q U H B F H F N N E T P B B K Z T X G U L J E C M J X M I G C X B
M Q C A A R B Q G O T H Y I G X H M I B B W L M O C N A U F J N O
U B R T R V P R O D K P F Q L V R Z N H Y S L K U T N A H Z X L T
B L A C K C H I N N E D H H F J O J C E W Q I H N K T H F T J R B
E R X U R O O W A Q A T T E K M A H O F D E M T W Q A L O C D
I Y Z W L R H E A K R O F X U Y T K C C Q Q D D A Q F Z R U A E A
F O J D G Z Z P Y U C Q U I B F E V M H Y X W I I W S J F R L M
N Z J Y O K Q U V I E Q Y O I L D M W B U R K N U A E I Q W M Y
M Y Z T L V M A J K G O T R B E R Y L I N E Z J G A G T O V I M X
Q I G L O D E A U D O B Q Z J H Q T M B C Z W Y E N O I Z D N U E
S H P P L A I N C A P P E D S T A R T H R O A T M Z F E C M Z P M
```

Allen's Hummingbird
Anna's Hummingbird
Beryline Hummingbird
Black-chinned Hummingbird
Blue-throated Mountain-gem
Broad-billed Hummingbird
Broad-tailed Hummingbird
Buff-bellied Hummingbird
Calliope Hummingbird
Costa's Hummingbird
Green-breasted Mango
Lucifer Hummingbird
Mexican Violetear
Plain-capped Starthroat
Rivoli's Hummingbird
Ruby-throated Hummingbird
Rufous Hummingbird
Violet-crowned Hummingbird
White-eared Hummingbird

Hummingbirds

Mockingbirds, Thrashers & Gnatcatcher

```
X R L R C M B R M C A L I F O R N I A X L X Z J O B L W S
V B L A C K C A P P E D Z N M I R X B G O R C Q H Q Y N A
J C K B X W N C D X N B C Q L T K U I F N G A W O N K N W
K U V C X M V H W H D R Q I L P S S C S G J R V L V T X S
D F F R H D N J I Z P F V F R S Q T C I B O M P Z O C V Q
D O O H R R N X I O F K S U B N N P D Q I W O J Z I R B G
T O J O H S A R E P E M I K E O H X Q Q L G W D S L I D B
E T B E C B Z E F D B A H A M A H M B K L F M Y A B S F L
D E K M J C V E P E B I K K N T U V N T E K O O G G S L U
H V X C U R V E B I L L E D C T G X D Z D M R A E O A C E
Z B A H K F K G G O A I I T Y F L M T G P H I O T J L O M
Q U K L F B D Y S W C B G L U S X U Z N N R S G H E T I O
Q L A Z B T Y A T F K B R O W N T H R A S H E R R D H V C
P I I U N K L N E B T M K I K X W K V I M Q E T A Z R U K
V K V J A V X F O D A R T M W I X S F G S C Q L S X A C I
L C Y K X J G H Q A I E I V E T U O N O L M T B H M S V N
N P M A O C Q A G B L C J T H W P G G P P M M E E V H B G
B M C R N A T K J D E W Z Z S J Y C S V R Q K Y R H E K B
S Z R U B L B B E N D I R E S E S C J Q W W A K K F R O I
A X N A J I Q C E B L U E G R A Y G N A T C A T C H E R R
F Y O V H F N R T V I I N L P B N T T P M T R I W Q A Z D
B K W J O K I G R A Y C A T B I R D C A K V G F X O E L
I A F B M R W R E M I X Z D M G J A P T R L E C O N T E S
I O U S H N U X A W B H Z N J Q Q M Z N V J Q X T T G Z M
U T I V O I B L N O R T H E R N M O C K I N G B I R D M B
G A O F Y A Y A V J J B B Z T A E J S G T R T F E V Y P G
X S X C T J N K T H Z Q N J K X T E H L D E D Q Z Q A Q I
Q Q O H R G T M P S V W C U F N K E G A M H J K A I S R Z
P A J C D G Q I D T E H W U H C D E N G Z B M L O C U W W
```

Bahama Mockingbird
Bendire's Mockingbird
Blue Mockingbird
Brown thrasher
California Thrasher

Crissal Thrasher
Curve-billed Thrasher
Gray Catbird
LeConte's Thrasher
Long-billed Thrasher

Northern Mockingbird
Sage Thrasher
Black-capped Gnatcatcher
Black-tailed Gnatcatcher
Blue-gray Gnatcatcher
California Gnatcatcher

Mockingbirds, Thrashers & Gnatcatchers

New World Quail & Vultures & Nightjars

```
I Y E R N L H A G O O N Q Q E G O Z E T M F F H T P D E T
L R E P S Z P O S S M I Q W E Y R D X O E M S M M F B H D
E A S T E R N W H I P P O O R W I L L T X H F C F J O I H
M J E V X A D N S F P T Z Z S H N A Y Y I F U B T N W H N
E L Z U Z L S Z I F Z V N O G F M C X Z C Z U D A A N D K
I D R H D A Z C L D C F M O U N T A I N A I Q D D W T U E
O M G M N K U M S P Z G A B D J X L Q C W H I P W C K K Y
Y D M O C J F P O K B J P L U I G I P O H I I J E C T X S
U S E N O V H E N Y J E E A H T C F V M I Z A Q B B Z K T
X V B T M M I H Y A Y D I C A C E O W M P V K B N H C B J
I D B E M Q T D J W S U C K M O D R K O P S S O O B M U J
Y R H Z O I U A B T X K S V W F R N H N O O K S R B I F V
G U E U N S R X L E U L P U H N W I R N O Z W O T Q I F B
E V L M P K K S R A F L W L P Y Z A L I R M R I H U N C W
F Q Z A A W E L K N V G C T F T G Q V G W N X E R P O W
X R P H U E Y F B O P K L U O B K U I H I D Z J R A Y L Q
S Q M O R B V K P I L I A R W P V A E T L F A Z N Z J L W
A O O P A F U J O K Z Q N E O C U I Y H L Y A Z B I F A X
H I K Q Q K L S C A L E D Q U A I L E A D N C B O O F R H
F A U W U T T Q N P Y X D R J W V Y Y W K B Q I B O K E J
K C T O E X U G D P Q R Z J B R H L F K G S B I W E W D S
S E V Z O L R Q C O M M O N P O O R W I L L B M H U I O S
Y A K X V I E P P Q T G A M B E L S Q U A I L G I B S U K
J V B H C A L I F O R N I A C O N D O R M K F J T U B W N
X D T E B C P B I O L Y R B R I N I Q X T F U E M K Y I
Z X G X I G Y C H U C K W I L L S W I D O W E H Y Q P U A
J Y B E H A N T I L L E A N N I G H T H A W K Y E V K D K
H J E W H H L E S S E R N I G H T H A W K R S J K V S Z K
T T R B X C E Q U L Q E H T F P Z O O Q O C T Y J Z E T C
```

California Quail
Gambel's Quail
Montezuma Quail
Mountain Quail
Northern Bobwhite
Scaled Quail

Black Vulture
California Condor
Turkey Vulture
Antillean Nighthawk
Buff-collared Nightjar
Chuck-will's-widow

Common Nighthawk
Common Pauraque
Common Poorwill
Eastern Whip-poor-will
Lesser Nighthawk
Mexican Whip-poor-will

New World Sparrows

```
Y H C I M N O L N Q X Y F A W I L S Y F V J Z K M C I U P
A B I E C O H K F R Q G R A B J V D H F D X D O Z P G J
D Z T C H M C R X P A V J N B F O X S P A R R O W U L E H
B L A C K F A C E D G R A S S Q U I T Z U D C U B D W B W
X C H T C B X K E B A F L S S B F T S M E Q L P V C W A M
N A G Y K N L W F A A P H G K Z F J N O M A A M U A Z I Q
B L M X H L V S L Q O I Q C S Z Y N M F I Y B J V R R R
L I B R W B O T T E R I S S P A R R O W V W C O Y J Y D J
A F R S P O S G B L A C K C H I N N E D I S O Y D G F S Y
C O E A G M I O A V H G T Q M Y M Z Y S E S L Y K V U S W
K R W A B Q S L G F O O P K I Q Z E S Q L D O B Z N Y P W
T N E B E J M D R D P V U I K F F E W Z Y E R T Q R I A T
H I R E L K U E A M U L A L W R G X G D D A E O O H V R N
R A S R L O G S N D A R K E Y E D J U N C O D V K D Z R U
O T S T S M V C S L T W B C Y C I B Q Y C Q Y X K K I O J
A O P S S P D R H C E A A W W H B Q M J M R Y C F F W W
T W A T P F X O O G F Q C O X I B D U B I W Q A T C X E D
E H R O A R D W P G M R H V M P E L J S S K S S K E F N W
D E R W R I N P N I D M T V P H Q B M M V N S S B I B S
A E O H R Y D E E S I W A P O I K S P G W N X I P K V R L
Y A W E O H G D D O C A N Y O N T O W H E E J N M V E V O
K P V E W D R S B C N F S K F G Q M F H Q U S S U O S K V
P T W Q D R K Z G E A S T E R N T O W H E E B S V O T F F
H B N F I E L D S P A R R O W W V J L S T U Z P O R R W M
L M N V O Q E N M A T T U M Q I A S L T N I A A G I B K
Q N N P J C R M A U K S A R C Z K S O T A P W R F U P H Q
K V O K A M E R I C A N T R E E U J Z E O R M R C G E J G
M V N S U S X W X T H C V Q J R T A X N C Y D O W S D A P
C A U N N R X Z U D O K L E G U J E J A L B Q W I T D B F
```

Abert's Towhee
American Tree Sparrow
Bachman's Sparrow
Baird's Sparrow
Bell's Sparrow
Black-chinned Sparrow
Black-faced Grassquit

Black-throated Sparrow
Botteri's Sparrow
Brewer's Sparrow
California Towhee
Canyon Towhee
Cassin's Sparrow
Chipping Sparrow

Clay-colored Sparrow
Dark-eyed Junco
Eastern Towhee
Field Sparrow
Five-Striped
Fox Sparrow
Golden-crowned Sparrow
Grasshopper Sparrow

More New World Sparrows

```
B D O C T Z F G C X H M K S E A S I D E S P A R R O W
J O Y S A G T G F G W S A G E B R U S H H D T M C B G
B G R E E N T A I L E D T O W H E E I R V T S E H L M
A P Y L D Y Y O F N S X X W Q V I C X U D J V A E A I
Z W A M T N O L B O D M E T J F L E S M S W A Y N R A
V H G M W E W I S S U F H L N H G I L G H N N V S K P
T I B S F O Y V J L I N C O L N S S P A R R O W L S T
F T V K C U E E C U Y U T W M V Z I Q N B P U Z O P I
P E C C M D L S R C P Z L Q N E E N W C H O Y V W A E
E C T X I G L P D N E L S O N S S P A R R O W W S R F
W R X O B G O A E Y L M E Y V P U Y Q R Z I H O K R K
V O P O O I W R H T F I T B G E B Y G Y F C T J V O I
T W N G P L E R L C E T Q B W R H D W K B B F X T W V
A N P G N M Y O S X R U F O U S C R O W N E D D C K R
F E Q T K G E W T Z J N W S N P I U H U K S L A L R A
T D O X Q Q D G U F S A L T M A R S H A S P J R J O N
V A B P X V J F F E X C U D J R G C P C O O F Q K B J
Z U O C C H U S A V A N N A H R U E R O N T F R R W S
M F J F N B N Y N G O X R N Z O N T Q O G T E U Q H T
L T N G M M C Z S O T Q F D J W C B T E S E W E R N G
R H J B U T O F L E C O N T E S V W I L P D X I O E Q
H H A R R I S S S P A R R O W E S O W W A T H Q P S D
H I H Y U C Y H U W Y T U N B W Y Q B D R O M O A I X
L K G J R U F O U S W I N G E D Y B T V R W P A S F F
N G P G S N U B S W A M P S P A R R O W O H D K X C L
M P I V A H U J U L A R K B U N T I N G W E U W D F W
W D W H I T E T H R O A T E D J D H M Z K E V Q P E D
```

Green-tailed Towhee
Harris's Sparrow
Henslow's Sparrow
Lark Bunting
Lark Sparrow
LeConte's Sparrow
Lincoln's Sparrow

Nelson's Sparrow
Olive Sparrow
Rufous-crowned Sparrow
Rufous-winged Sparrow
Sagebrush Sparrow
Saltmarsh Sparrow
Savannah Sparrow

Seaside Sparrow
Song Sparrow
Spotted Towhee
Swamp Sparrow
Vesper Sparrow
White-crowned Sparrow
White-throated Sparrow
Yellow-eyed Junco

Northern Storm Petrels, Ibises, Spoonbills & Others

```
W P R V H D Y A P Q G S E L Y T E Q X Y F L T H X L V
E W A Z G C W K Q X M S J E B W A W Q D G O Z C B D G
L T Z J L D T O U W Z I J A L E U K S P R H E O E D M
O A Z Y O N G G Y B K H P S A D I A N E E O G P L Z W
M Q S X S T L D F R K U W T C G R H P S E M R T T M K
K O W P S T E A I H A B Q S K E J Y N Y N U M U E E Y
O J P K Y Q A S A R U F Q T S R Q E Q N K D A K D D R
D P L B I C C N E J G L J O T U S K J V I L E T K R K
K X C W B O H Q E E G J I R O M I G Y X N W B U I E C
D S Q S I S Q R F V I V M R P K T O J G H C G N M J
R W B R S K S M P O R P U P M E O L H K F I R V G G N
U H Q Y W M T A L P Z C A E P D T H R I I T D R F C H
H F O R Z G O J S X P F F T E P B X B C S E O R I C U
W V F K Q H R V U Z S Q J R T J C N I T H F Q R S Y A
U L X Y C L M I L Y I T K E R B P E X Z E A G A H S L
U P X K H B P G M H Q G E L E T M G P U R C K W E D X
F G P Y J D E L I U J O J I L E D K L T W E S K R L G
O R O S E A T E S P O O N B I L L W N A R D L S S V M
X M R P L Q R N Q D R I N G E D K I N G F I S H E R C
R N O R T H E R N J A C A N A Q N G T G F B V N R D M
H Y G X O G L Z B L H I Z W O F O R K T A I L E D B D
W F N L R B Q B A N D R U M P E D H I X A S V P O H J
D D Y G K L Y W H I T E I B I S Q V Q M V C G G P F
G A S H Y S T O R M P E T R E L I K K V R K Q R J H X
T B Q Q L X N X E P Z B G O L D E N C R O W N E D X
Y W E J V L K P K O X B Q R R M K A H K W W M K P
I P P Y J W T W I W B P E R U B Y C R O W N E D I E W
```

Ashy Storm-Petrel
Band-rumped Storm-Petrel
Black Storm-Petrel
Fork-tailed Storm-Petrel
Leach's Storm-Petrel
Least Storm-Petrel

Wedge-rumped Storm-Petrel
Glossy Ibis
Roseate Spoonbill
White Ibis
White-faced Ibis

Northern Jacana
Belted Kingfisher
Green Kingfisher
Ringed Kingfisher
Golden-crowned Kinglet
Ruby-crowned Kinglet

A Bunch of Random Birds

```
B G M P L I N Q L Q Q W F W Q N F Y W R C A W H B H Z T
D P C D S H U M A R S T S P J C R E Y O D Y W B F V K K
P E A G E X D U P E S G M W B C E L U S J G W D Z X Q O
R Z I P U Y C O L D O F I T D D D L E Y L Q P M K Q N E
R P Q M R X S A A T L F T H V Q B O A F U W M L D C V A
M H V T A D C D N H T E H I L U R W R A N L C O B D P Q
E S I G S X J B D R U L S C I B E B C C V A K B E U E Y
N C X B I E G V L O L D L K M K A I T E F N A S N S X B
I R O S A Q D N O A Z V O B P V S L I D O C Y A F K E N
P N X P N G A T N T Q Y N I K G T L C L T C S J T Y S C
E W Y Z S L S M G E E A G L I X E E L O Q O B R P W E H
H Y V S K J U Z S D O H S L N L D D O V I M U L C A F E
T A H B Y H Q C P O W D P E Z A I P O E W M N U F R U S
P Y C F L Z M M U Z K F U D U H B J N B E Q T M B B A T
Y L O G A V O W R O E E R H P Q T D D I B N I Z B L I N
E S D Z R K X U O L I V E W A R B L E R M L N B U E I U
P T Z O K J X J G G O J E K U X K H Q D C O G Q D R N T
H D R C I S N O W B U N T I N G S E F O R O L W G Y Y C
S T M Q X F D S Z O H R X B F L S I B G J N G N E S I O
V F L W X A I C W J C H A R C T I C W A R B L E R V V L
O Z U S K Q Y E J P Y G M Y N U T H A T C H D V I B Z L
D N R M E M N B I U G P V C U N V T P Q X C S Q G J O A
X Y A R O S E R I N G E D P A R A K E E T Z F I A N L R
P A N K W M Y Y G D R W H I T E B R E A S T E D R B R E
N O J O Y T U Q E I J Q T G W O H V Y U D K A K M X P D
V N K U F A C P P E K I B D U B R O W N H E A D E D N U
G M A M R Y I P A C I F I C L O O N A T I G N D T V S V
L N U F I W A R H O R N E D L A R K S S H W M F Q C D B
```

Eurasian Skylark	**Smith's Longspur**	**Budgerigar**
Horned Larks	**Snow Bunting**	**Rose-ringed Parakeet**
Arctic Warbler	**Thick-billed** Longspur	**Rosy-faced Lovebird**
Dusky Warbler	**Arctic Loon**	**Brown-headed** Nuthatch
Limpkin	**Common Loon**	**Pygmy Nuthatch**
Chestnut-collared Longspur	**Pacific Loon**	**Red-breasted** Nuthatch
Lapland Longspur	**Red-throated** Loon	**White-breasted** Nuthatch
McKay's Bunting	**Yellow-billed** Loon	**Olive Warbler**

Owls

```
U D B T J H Q V J X Y T W W B G O C Y K P B U E G G W C P
W W C H E R F A K C T D E S D H Z Q K Q U C W M I U N H I
V E P T C G K L H A X T S O N X S H O R T E A R E D O W L
X X T Q E L O A Z V M L T G I I X I F S Y P M Y L S R I Z
U J Q P H G B S B K E U E A E Z J U S N F Z Q G H W T B U
J I G W E H Z A A A C F I R X G J F P O G H U D G S X H C H
Q X I N R U C P R D U K N T C A H T F X L G Q F A X E U Q
Z V K K G H R U R A T R S P N A P A D K D F D O Y U R G Q
W D K T J N C L E G V H C P F B H L E S B J P D P N N R E
G G O G O N M D I Y B R F F L A M M U L A T E D N P E U
M V O K V R N E O G P Z E E W I G W L L S L J L N O Y A N
R V K O F T M C W R V P E R I W U L O N G E A R E D G T M
M T D I D H O I L E B R C R Q B K G R O T U E Y L R M G I
N O R M G E R M C A N V H U R C F B L O N Z B P A U Y R N
B B U D L R R V M T R Q O G B Z N Z M I M V T Z R N O A P
P U F J V N Z Q U H Z O W I Y H K J P W L X D B V R W Y Y
O R H S E S N Z J O Z J L N C I G O N O J J M K O M L L U
A R C D U A Y Q E R N V E O D E P T G X P Z J E U K E Z J
B O C S Y W R B G N D L L U X N O R T H E R N H A W K F F
X W B P G W V G V E U B O S R G W F Y V H J D A P M G L D
T I F W R H L T N D S L F U U G J O L A B B R X J U P Y T
H N A P I E B O R E A L O W L C O K A I P A C M T G X E M
L G B O D T N T N T W H I S K E R E D S C R E E C H O W L
E O S P O T T E D O W L V L V J V B N Y Y O Y F G H Z E F V
T W T D V K T L R A I W M U V T W Y L N Z Z M T M Z J
X L V E A S T E R N S C R E E C H O W L M F B G W C D D Z
K Q G P A K E H S S Z B U S F W G H X B H E L F O W L D A
N S H G U F E G H V H G O H R U M Q U X V U X D H R N M O
G A P C C B H S N O W Y O W L Q M N Z K H A O K H N W V R
```

Barred Owl
Boreal Owl
Burrowing Owl
Eastern Screech-Owl
Elf Owl
Ferruginous Pygmy-Owl

Flammulated Owl
Great Gray Owl
Great Horned Owl
Long-eared Owl
Northern Hawk Owl
Northern Pygmy-Owl

Northern Saw-whet Owl
Short-eared Owl
Snowy Owl
Spotted Owl
Western Screech-Owl
Whiskered Screech-Owl

Pheasants & Grouse

G T H I M A L A Y A N S N O W C O C K D R Z H G G I J B V U C
R G B F U J Z T I S H D W G G H P K K U U S A T O N K O X X S
E R A W Q X C K V W I L D T U R K E Y S L O F W T B T F T I V
A L R T P I V N X N U D T U A X E G A K S O Z E P I V I T B R
T R C D S R G B T U P V S C A J F O Y H I O M X C R C N J W
L A E F K S R V X O N C G V K D Q C J G F Y E A C X W H Q Z X
R V G H D A P O T C D N B I W I G E R U G U E Z X K R C K P
P L A K D U Y O Q I K G N G X Z V D P R O X R T D X S S R W I
R V L H Q P C B P U P Y E W W S B Z U Y O O S S M S M H Y H
A L M C B L A Q H T N J N F A D D S Q S W U L H C G N B I S W
I G N Z U Y R Q A G N S Y C X U D J J E T S K C C R L Z T P O
R T E X Z S T F S R I N G N E C K E D P H E A S A N T R E I R
I E M P Z T R H Y V S G A A C H M O Z K Z R I G Y M I J T L S
E Y Q V C X I O M J O R W Z J T V U J I I Z K C N F O Z A V D
C K X U H K D E D U N E Y A D A B L A C K F R A N C O L I N W
H I D Q X E G B B N S A Q F A D A F H J C V K N T Z B V L L S
I A J H W W E L E N A T A F S E B U Z I P U A O Y T F E I H
C L R F E H B P D V G E R M G R Z M T W M I H P V F Q U D M A
K M C F S O V H E H E R L C N V H H W O K C W K S Q B X P A R
E D O R P H W S X K G S P W N L V M L G C Z V V A A H N T M P
N C I V R W G H K H R A Z U O J N Z X U P G V G K F R W A Q T
M P Z J U Z W D W U O G P V G L U G A W Z T Q U O C X B R X A
X T P F C E C I S Z U E C A X K N V R W Y C J G D U T H M O I
V C C U E J L Q K Q S G H R O L R C V D L O P L Q F Q R I V L
D H H E G N L V D J E R G G S S O Z N X E Q A T K H R E G N E
D U S C R X B B Z R B O R O C K P T A R M I G A N I O R A U D
T K S N O A S E E S K U G R I Z Q U L F C E S F G J T E N Z B
J A H T U N S K R W H S W Q Q V R N T O K A W Y S E U Q U O E
H R L S S J T T K Z H E O H C D W I L L O W P T A R M I G A N
S S E D E W F D K M R U F F E D G R O U S E E I Z E A K J T E
K L E S S E R P R A I R I E C H I C K E N D I S Q B S G J B C

Black Francolin	**Gunnison Sage-Grouse**	**Sharp-tailed Grouse**
Chukar	**Himalayan Snowcock**	**Sooty Grouse**
Dusky Grouse	**Lesser Prairie-Chicken**	**Spruce Grouse**
Gray Partridge	**Ring-necked Pheasant**	**White-tailed Ptarmigan**
Greater Prairie-Chicken	**Rock Ptarmigan**	**Wild Turkey**
Greater Sage-Grouse	**Ruffed Grouse**	**Willow Ptarmigan**

Old World Birds, Pigeons & Doves

```
F V Y K K H F R E B S C V R U D D Y Q U A I L D O V E C F L
K X V T B H F L D G L S I W E K R M N V P U Q S K S W S T B
J P I Y F T R J F G A V T O G F I S S N E R A Y B I C G L W
D N L I R S I A Y C B H I A T H Y S S F U Q D H D B V W C Q
M O U R N I N G R F Z X O I G Z P I T Z R G A Z I E B V X M
R U D D Y G R O U N D D Q N S C K D K E A W D F G R L F D Q
N T B Q S L C N J U H U N C Y Y E Q N N S O D X Z I Y M Y F
H E U H V U O C K W I I A A G S Y M R A I O Z E O A X N Z C
W M R O C K P I G E O N I D L L W G W I A K K W K N G A A O
Q I V R S Q T J K D J K O O N P E D X D N Z H V D R E M Q M
B L U E T H R O A T L K Z V A G S N M A C K O V Q U F K W M
J V M D C V O L Q T H S P E L U T S I D O G N J W B C A E O
K A R B T K M O J R Z W Y T N U Q P B O L W Q Q S Y F N R N
T W E I P Z L R O W T H F F Q J U O A V L Y G N O T O X U G
Z H Y L N R Z I Z F I I O D R I A T N E A Q H Q U H L W S R
I I I L Q E Z E V N U T K F S L I T D X R W O R X R X S T O
K T R E C A R N W A L E P X H Y L E T C E G U T N O E H I U
S E L D G T W T M V T C A M X R D D A Y D N S K E A L C C N
Q W M P M Q Y A L H B R H Q A S O D I O D P E E Z T I P B D
Q I X I J I N L Y Q C O Z K P J V O L P O A S F Q Q T K U L
V N F G X P O T T J B W O A V B E V E X V O P O O M T D N Y
L G Y E A D O U O H W N U S I H V E D J E F A K Y O L H T V
A E I O D F C R T M N E O E U R A S I A N T R E E C E F I H
Y D T N X W R T J B X D O O O H U V C M E H R Z L Y B C N V
Z F G V E C A L S P H H L H I K W G T E U B O O C B U V G Q
U V K G J Y J E K J Y V Z A P X J T J W M M W S S U N K J L
J J A L H P C D D Q K Q S R Q R T J D Z Z S J C E M H T A B G
M O L U Q Z Y O M O M O E V A B H Q K J X W L D H Y I W Y I
T X G F K F K R V U N O R T H E R N W H E A T E A R Y N Y A G
D C X S C X Y E S W H I T E T I P P E D X N U C P N G Q P M
```

Little Bunting
Rustic Bunting
Bluethroat
Northern Wheatear
Siberian Rubythroat
Eurasian Tree Sparrow
House Sparrow
Band-tailed Pigeon

Common Ground Dove
Eurasian Collared-Dove
Inca Dove
Key West Quail-Dove
Mourning Dove
Oriental Turtle-Dove
Red-billed Pigeon

Rock Pigeon
Ruddy Ground Dove
Ruddy Quail-Dove
Spotted Dove
White-crowned Pigeon
White-tipped Dove
White-winged Dove
Zenaida Dove

Plovers, Ospreys & Oystercatchers

```
K F W Z H M Y V P H O C P L G K P L C F R U J U A T N T Z Q D
V S D C O M M O N R I N G E D G C A Z S H A C H G D J Z J B
L A M E R I C A N G O L D E N P L O V E R E G E Y V D T C C W
E L Q O U X G N M P Y C R Y U B R P J N B B L X I M O Y K N E
K Q Q X E R L I E F N F P O Y E I Z L O C T J O U G U O
L Z R T A T R T J I V A M Y A K R T R E P G O C K U S T Z P A
W A G Z V E L P C R C H M Y J C E U R A S I A N D O T T E R E L
U M I L E Z E B A F P E O D I S N O W Y P L O V E R J E I G
W Q U I U I G J D W S R K W F N O R T H E R N L A P W I N G E
G U F I R C S Y P P Y F I J X I T S P V N J U O R N H B C L Q Y
A V S V O Q G L K P N C Y T C E P W I L S O N S P L O V E R L
I Y I P P V Y T Z C P A K V G I I L W I G P V P W H H K P X T
S Y Q X E Y H U H E O N J E O R U G J C R T M J C J W I S W
N X P V A R N C H M S O A B L A C K O Y S T E R C A T C H E R
Z V P F N E P J S T K Y V G D A O H L P N V H F O R S R H M U
B D Z J G X I R X P J S V Z E C W Z I D H X A B U L D J K U E
P H E U O G P E Y P E T I M N H N I K K X X A L J Z L R J L C
N B Z O L D I A D X E E X O P P N I X I L Q N A Q M K P S A W
W N N S D S N H A D L R A U L X S T M L I X E C G G U K E U C
F N Z P E S G T A E I C X N O H A U V L N J U K P M S Z M W W
O R N R N K P X P M J A T T V J X U A D I X E B Q K G N I Y O
L W O E P Y L P Y T S T M A E A V W U E W F K E V M Z J P L J
H H Q Y L M O F J F E C B I R A R N O E Z V E L Z U L Y A N G
A G S K O X V A N G N H U N C M U F C R I U W L J R Q O L Z A
Q W B Y V G E E Z V B E D P R R X F Y R E I M I Z B P Q M A M
N E E O E O R H T F U R Z L D C G Y R W X Y O E U G M P A J C
B U U R R U O T W I B C N O E N B L B E P K R D L L V Y T K O
H S F S C S N Y A J R X V J Q C O H E C X V U L W W M E Q D
O E A Y C Y O T Z Y B S A E F H R O G N N O U J O G C I D H W
T X X S H N B B T V I O W R L E S S E R S A N D P L O V E R L
E F W U W H Q A J A L S D Y G X M A T K H D P D N O J Q J L Y
```

American Golden-Plover	Lesser Sand-Plover	Semipalmated Plover
Black-bellied Plover	Mountain Plover	Snowy Plover
Common Ringed Plover	Northern Lapwing	Wilson's Plover
Eurasian Dotterel	Pacific Golden-Plover	Osprey
European Golden-Plover	Piping Plover	American Oystercatcher
Killdeer		Black Oystercatcher

Rails, Gallinules, Coots & Swallows

```
G Q C O R W A O B T X E T A L Y D P J L X A H H H T T S
A R L C S F R E G D J T I S M E O P M Z Z V V R E X A J I
J K K C P L K J C M C Y S E D L V R S S P T U R Y L G Z L
K J L V E T R Y C E Y T X L Y L B G X X Y U Q Y D Z B X K
P F H I J R B I I I V Y Q J E O B L B Q B L P D Z E Z U Y
U I O S S V V T A R X N F T W Q B A R N S W A L L O W Y
C T I F Q M B B B H Y S O N N E R H I K P W V S A J R K W
Q F Z Z R W T S D I G Q W V D A K U J Z K P W K B M Y G C
W V G O F H L Y E S N O U K A I F Z T R E E S W A L L O W
L F O N H M U C T Q A F E H B L A C K R A I L R N N Z A R
B X W C P U R P L E G A L L I N U L E T X O V I O G N E M
O T K A R V Q C A V E S W A L L O W Z J J Y Y Q U R Y S U A
W R Z M Z D F Y M Q M H O G I Y N S P H D J H V T C O H C
O L V E P M P W P W G E F N V I H P I H Q H K V V Y H F J G O
M Z R R R P R P X S O R A Q S F W Z S S V B I R E I P Y M
W U I I A M X A B V J P H H D L R W F U G G R Z R V X P M
E J D C T R O M M C L I F F S W A L L O W F G R N Q O W O
A M G A B U J Z K B I K K B H T I D S P C I I U R M B O N
B K W N S K B W M E N S J X K H X T N W L Z N D O P C O G
X G A C C I F P Y E Z F Y N I Z D R B M A S I W U K S Y A
L W Y O A N P P U R P L E M A R T I N L P F A F G S Z P L
C Q S O D G B A N K S W A L L O W V B D P L R A H Z H I L
V S R T J R T L K G N V I O L E T G R E E N A W W J E Y I
S Y A J V A T P B K B G G Z V A G Y W O R O I C I G W I N
S Q I N T I U Q G L U L D Z K V W F Z Y R E L I N P A I U
S A L M O L T F J L P A Y D H K O I X V A J E W G T B V L
Z T Y N U L A P K J P M C A E J A M G T I G I W E C K Y E
N A T H W I X W E P N A W H B Z S M L J L U G Z D I N C P
O K W W I B M F I W B G Q Q B Q U E K T Z N B A P I P R D
```

American Coot
Black Rail
Clapper Rail
Common Gallinule
King Rail
Purple Gallinule

Ridgway's Rail
Sora
Virginia Rail
Yellow Rail
Bank Swallow
Barn Swallow

Cave Swallow
Cliff Swallow
Northern Rough-winged Swallow
Purple Martin
Tree Swallow
Violet-green Swallow

Sandpipers

```
D Z R V L O U R M C Z Q A C X W A I M S W W Z U A O B L M U
I K T Y F A Y Q B R B R I S T L E T H I G H E D C U R L E W
D I N O T E L V U F N B C A B C E D R J R P P L I I F C G R
X J D A S O X K F P F X Z R G O Y B E X S F B O P E H Y R R
E G X Y C O D S F A L R V G N U W V D G N O L N S Z P K A W
A Z C A V S W O B E P J D W O V B Q K U R D A G C D U P Y Z
M X U B A N P S R X P F P Y G B Y N A E Z C B X M R E T P
R E R O V W B R E B O S M L U Y H A O U D L K I D G P C A M
V Q B L A C K T A I L E D G O D W I T O P S T L J O L T I R
Z U D U N L I N S Y T J V G S K F L C U H I U L T E E O L I
B H X C W D Y L T C U U R Q Z Z X Y G N A L R E A D S R E R
Q V T O K G O G E S M N M D K K X D A A L E N D Y K A A D Y
U K R M I P Q R D C O X C H I W A Y N Z A S S C L Y N L T V
L S H M P R V E X J G T F U V O V I O E R Y T U U O D S A M
I K B O P Y J A V B L I E E V Q F B E X O Z O R N A P A T T
T M J N S D K T G W H H F G G Y N B R Z P K N L H Y I N T S
T S B G I K L E V E U Q Y B V K K P K U E Y E E N S P D L V
L J K R P Z E R J S D I Z X S G H R M F W R G W S T E P E U
E Y K E Q I A Y C L S C O M M O N S A N D P I P E R R I R H
C X D E M F S E A R O R V B F B A I R D S S A N D P I P E R
U T N N M O T L L O N G B I L L E D D O W I T C H E R E L F
R R Y S Y Y S L R Y I K B A R T A I L E D G O D W I T R K Q
L J E H Z D A O H H A Z L E S S E R Y E L L O W L E G S Y J
E M K A S C N W E C N X S A C K F M A R B L E D G O D W I T
W Y X N N R D L Y E G D M Y N O N K M V W K R P X B Z U G W
Y Z E K P Z P E G J O E H P A M E R I C A N W O O D C O C K
E L B W X G I G F G D B G T U Q Q R L F X H C J B M Z M P A
P M X J S Y S P S L K W L O C N P F N D V K B R Y B M V F Q
P Y C W C P E U R P I J C U R L E W S A N D P I P E R C X M
L Y R A B F R T L I T T L E S T I N T L D L O P C S O A E R
```

American Woodcock
Baird's Sandpiper
Bar-tailed Godwit
Black Turnstone
Black-tailed Godwit
Bristle-thighed Curlew
Buff-breasted Sandpiper
Common Greenshank

Common Sandpiper
Curlew Sandpiper
Dunlin
Gray-tailed Tattler
Greater Yellowlegs
Hudsonian Godwit
Least Sandpiper
Lesser Yellowlegs

Little Curlew
Little Stint
Long-billed Curlew
Long-billed Dowitcher
Marbled Godwit
Pectoral Sandpiper
Purple Sandpiper
Red Knot
Red Phalarope

More Sandpipers

```
S C W R W W I D T X Z L G R E D N E C K E D S T I N T N W F
N R Y M C N T U X H Y W W V Q Z H P K N V Z R C O C O V
T K Y E F W E R W U I I Y R I A S U P U B H Z S X I Y X O V
B L P U C H R W H Z T L S P O T T E D S A N D P I P E R D D
B A W B J I E X I D C L D V E E T K A D O T M Q S U I N S D
S G I X F T K S M E U E P R F U S H A R P T A I L E D G A N
I C L N L E S X B P M T Z P I O K T I P W A R E I Q B N N F
H X S L Z R A D R M W A N D E R I N G T A T T L E R T Q D X
D M O W N U N H E Q R U D D Y T U R N S T O N E A T Q M P Y
I J N L T M D A L S R U F F J W G E J S B G V U J Y S D I K
Y F S H H P P K L H A Y R F W B Y Z E E G Y V P P Z A K P S
J I P O B E I B Y K R J Y M J Z S J L M F D S L V G E J E U
P I H U D D P D V W I E S X A B D I H I A W E A P U V P R R
V P A Z K C E S X A N Q U X C J D C B P P I F N R D F E A F
S O L I T A R Y S A N D P I P E R I Y A S L T D O L F U K B
V V A G G G C T S S T I B A Q O V X M L A S Q S C H D Q F I
W C R T O E F O I D G A S L J A I T A M N O V A K C V C J R
P B O S E F O E Y O A E Y J B Q F R I A D N S N S K I I U D
T E P O D T J B A H P A Z Y B Z K L V T E S F D A Y X S T E
B J E C X P R B P R E Z Z X D Q G F V E R S X P N I Y L U D
G X N T P V M S Q Y K U N R S N W V P D L N T I D O C Z T E
K J U J K I E Q I E W G B S A N A J M O I I H P P U A C V B
S T I L T S A N D P I P E R R W Y M L Z N P Z E I F P Z G W
S H O R T B I L L E D D O W I T C H E R G E F R P Q N Q L L
V K Q I C C M Y J P X L N E C S Z O G C V T P M E Z I R S E
H X S P O T T E D R E D S H A N K N J W Y M D L R I J W V B
X K R R X A A C Y L I J Y W E S T E R N S A N D P I P E R M
I W E E L R Y R T X Q R E D N E C K P H A L A R O P E Q B Q
I I M A N O E S F R N E T E M M I N C K S S T I N T Y A K D
I N O B O U X O L T K H I H V Z G T U Z E D Z X P A W S B X
```

Red-neck Phalarope
Red-necked Stint
Rock Sandpiper
Ruddy Turnstone
Ruff
Sanderling
Semipalmated Sandpiper
Sharp-tailed Sandpiper

Short-billed Dowitcher
Solitary Sandpiper
Spotted Redshank
Spotted Sandpiper
Stilt Sandpiper
Surfbird
Temminck's Stint
Terek Sandpiper

Upland Sandpiper
Wandering Tattler
Western Sandpiper
Whimbrel
White-rumped Sandpiper
Willet
Wilson's Phalarope
Wilson's Snipe
Wood Sandpiper

Shearwaters & Petrels

```
F C W G G D Z F X O S E F B P I N K F O O T E D H A P
F J J B F V F A Z U T A V L F F O S P G U N L G C D W
M F Q Z P T L E C M H L F N P S G E M I F C O J Q D V
C L H K G L E G S E X N V M O T T L E D P E T R E L U
R D Q U V S S M B L K V G X D D F A K B W P U X M G X
P V M B O W H W M R P Q D X D R X N I M S N Q F G J P
Q V H G C R F E J K W B U F G P V V Y W H B H N T S E
W T D J O R O D M B U L L E R S S H E A R W A T E R V
P J R Y D Z O G A J J C M A N X S H E A R W A T E R R
P M N Y I A T E S B I A H S X J D X I L B T N H O R R
G X E P G F E T M U R P H Y S P E T R E L Y K Q S Y K
B D Y E D U D A O Y D W P B Q D N F Z V A Q P L V F B
N R C B N B C I C C J O P M L H E T K D X H C P C G L
Z S P S U L Y L O N O R T H E R N F U L M A R O J T S
Z H K L N A V E O M H T A M G B L L I M V U K W B T F
Q R S O C C C D K S P A I J S V J A V R C U L I O F S
V F B Z U K N I S B P E H J E T X G I Z I J W Q A D H
Z T J Q S V K F P S O O T Y S H E A R W A T E R Z X O
H D T A W E G L E P Z S O Z L G S J I V O Q E L F C R
R D V J B N I F T X Y H M J F M I T G J G T O L T A T
M K N T W T N G R E A T S H E A R W A T E R O G J W T
Z P A H B E G M E L G A U D U B O N S J E F I J P R A
P G S R I D Z B L U O Y C H L B V M X D K I Q U Z E I
G Z X Q Y U F K X R Y J V C A E Y I I W R H U Z E L L
F A U V A X G C O R Y S S H E A R W A T E R W B N A E
R V V C U A O C B L A C K C R A P P E D B Q T K Q H D
D Y A P W Z M X Y J S O Z E G T L D I C U K N C K Y A
```

Audubon's Shearwater
Black-crapped Petrel
Black-vented Shearwater
Buller's Shearwater
Cook's Petrel

Cory's Shearwater
Flesh-footed Shearwater
Great Shearwater
Manx Shearwater
Mottled Petrel

Murphy's Petrel
Northern Fulmar
Pink-footed Shearwater
Short-tailed Shearwater
Sooty Shearwater
Wedge-tailed Shearwater

Thrushes

```
J B A P V A U W H I T E T H R O A T E D Z V Y R C D Y T
T O W N S E N D S S O L I T A I R E J I X I G R N V R W
V D K X F E P U U J O G C S I R Y S R C H I U W T L U T
S R S F N N X V W A P B U U H X A N A F E Q G E T H F J
B M X T U C I E V Q K H N Q B K Q C F E O B W S K F O C
P X P X H X I E O Y E N G W S B N E N M Q F A T L C U E
T C O M T J E R E H D P Z P L A G R B K F J T E K S S Y
T K V Y I S B Y C H P O K W O O D T H R U S H R F Y B E
C S B N D F P K J T W H Y D R W D Y B G J F V N G B A B
C X Q Y X X G J C A M E R I C A N R O B I N C B R D C R
F L F E D Q R E S B R K U V A R Z C Q H T Y U L A N K O
B M O U N T A I N B L U E B I R D L M X E R O U Y F E W
O R N U F N R K Q C Y Z H Z B O B A S U S C B E C X D E
S W A I N S O N S T H R U S H S O Y K L N L P B H V R D
I S A R L F V Q J C C P Q X U F V C E I O D W I E C O T
T N Z Q J O C N S J Q S R X V K O O E F V Z R R E I B H
H D T M M R D G L T P S Q Q I K O L C E A A T D K K I R
Q C E A S T E R N B L U E B I R D O N G R L J D E Y N U
Q X C U E H K J J T S L F G Y N M R I L I S Q S D A B S
X U T K F A U U F A A A B U G C F E V C E C G F Z P X H
Y I H T P Q H D C Y J X C E Y R E D Y X D P X F P O M G
D K R Z U N P V X K Z E H N B H X T N K T R E D W I N G
E D U P I O H E R M I T T H R U S H G D H R R R E T L K
B C S M G A D X J N F M Q D Q X V R V Q R G H H E C Y G
M Q H O W X Y I R E R T P S H G U G D U W U D T B A V
B Q R Z W Z Y W M S T Y K O E J C S H U S B Z J O Q B O
Z K K H C V O J K K W A R C E E M H B O H Z K O N Q Q P
B Y K E B R Z E R B I C K N E L L S T H R U S H P E L S
```

American Robin
Aztec Thrush
Bicknell's Thrush
Clay-colored Thrush
Eastern Bluebird
Eyebrowed Thrush

Gray-cheeked Thrush
Hermit Thrush
Mountain Bluebird
Redwing
Rufous-backed Robin
Swainson's Thrush

Townsend's Solitaire
Varied Thrush
Veery
Western Bluebird
White-throated Thrush
Wood Thrush

Tyrant Flycatcher

```
S W U C I L B J A L D E R F L Y C A T C H E R X Y
P P C Q S D S S F L Q R C O A B S A E A Q U O C I
K B P B J H X T Q B T S W Z D U S K Y C A P P E D
A H Z R E A U M I L N B O A F Q M K N O R A A L H
Y S J O C M G R E A T K I S K A D E E H S U C Y F
D I T W B M Q Q V C E H O P Q O E I K R S P A F S
J Z V N M O U U R K Q I W Q I O K L V D L D F I
P K K C L N T W K P E T O Q G O D X E U F A I W E
T G E R E D G V R H H U U F O B G Z E I Z X A F V
Q R A E Y S R E C O U C H S K I N C B I R D N O B
O E S S C I A U J E C A S S I N S K I N G B I R D
G A T T U N Y X G B C B P P Q C K J U L E G J K Y
Y T E E B W F V R E C U L O Q J J A M F X R V T T
Y C R D A A L G E M I F F V X C J V O V P D G A H
F R N D N U Y R A G A F A I G C J C T D I G N I K
Q E K N P L C A T B S B E T L Q G N N Q L Q Z L U
F S I Y E M A Y P A H R M B L W I I K G R Z X E G
Z T N B W L T K E C T E C H B C R H O E R U Y D F
I E G K E T C I W R H A H I N W H Q M F M S N K
I D B A E E H N E P R S E A S T E R N P H O E B E
K X I D P T E G E J O T H L D I R I W X U D K D B
U A R W R Q R B F X A E A F B F B P D B Y J B S Z
I I D C Y C B I G M T D S O C O R D I L L E R A N
W A E H Z S T R C T E T Y X X L T D J K G O A T N
I F P W A K A D X D D U S K Y F L Y C A T C H E R
```

Acadian Flycatcher

Alder Flycatcher

Ash-throated Flycatcher

Black Phoebe

Brown-crested Flycatcher

Buff-breasted Flycatcher

Cassin's Kingbird

Cordilleran Flycatcher

Couch's Kingbird

Cuban Pewee

Dusky Flycatcher

Dusky-capped Flycatcher

Eastern Kingbird

Eastern Phoebe

Fork-tailed Flycatcher

Gray Flycatcher

Gray Kingbird

Great Crested Flycatcher

Great Kiskadee

Great Pewee

Hammond's Flycatcher

More Tyrant Flycatcher

```
I H F B V A D M E Q W J K L G L E R L A Y G M V M U D C J B H Q M K G Z O
U E E E L R P N Z A E Z V A C M M N U T T I N G S F L Y C A T C H E R V P
I O R D V O C N H O S S F S I A T Z M S U W C P Q T O E H A A X X R P Y D
Y X L J C M V K F L T Z U A T C U M V E R M I L I O N T T C W R Q Z J E T
P V P I H X A U H I E E V G G R F I D T R O P I C A L K I N G B I R D H L
W C B A D X R S F V R K Z R T Z T M R O N E H Y H Q C H Y E Y O Q L G Z P
Y E P D R X I H X E N S D A P I E K A H R F H J Q C B W T Z N M Z D C T C
H F O E F J E J X S K N F S O W D X J T Y Z G X H X U M X M R T M T G F D
N F W G I G G R Y I I B E F N V F R J E J T B M V R B G A E H X G W H L N
A Q V E L H A G F D N G A L R J L S C I S S O R T A I L E D K X N P J B I
U Y K D G H T X K E G H X Y N T Y P K M O W N S B X R L B Z S Y X R A Q B
Q V K W A E E H G D B K T C N I C M E F O B O U H I Y D U H T W P O F Q F
U P Z E O A D J N W I C A A M R A H C V T H R L G A P U G Z P I K Z Q N U
A G K P U O Z R D T R K E T L H T T R F J T T P V Y K U X E V L I E V U U
L Q P A U A J S F O D H F C C D C F Y Y S T H H M C E F N B E L H D S P C
R W H C U J A B V Z P A Q H J K H R E D L D E U Q Q F R J T R O P R A O X
Q A C I P S D I S A J I F E K O E P L I K B R R L K T R X G Y W N H S U D
J L M F S Z Y J I A Z C B R R L R N L E B B N B R I Z Z Y P Y F G J Y X A
G H E I Y U E F C B A H F Y I Q U P O J N C B E W L W A Z W F L W N J O O
W T Y C I T J I H V F N S V I V F E W Q O I E L X G U T T G G Y Z H L Y C
U T A S D Z P K Z Y Y L M Q O M K B B T R S A L N D X N D Y B C W T B R N
T K A L B L E A S T F L Y C A T C H E R M W R I R M L X N R K A E P O I P
P V N O X Q W K L F E F T Q V K Z V L T M R D E B X O R U B U T S G A X V
H O B P F H P Y P I B S F G G Z H B L T A S L D W X A E C L B C T C P O T
R A S E T G F F C S H N A F J Y V I I P V A E G I Q V R P O Z H E F Q A L
L O G G E R H E A D K I N G B I R D E X L Y S I K Q B M I L N E R E T Q N
C D L O S I Z M L O A B U L V U D O J S S G Q R H T M K W R N F H S T
W X X T Q G A I L L Y A V F X D P Q W C K M P T C R K N N I Q Y Q W W I P F
E M O D I J R I Z M O R K K B B Y J W S E H Y J V L I L S F L X O O C T C
W K V S P V M J N O O T G N Y K I R X Z R O R X A I W P K N C S O A K J S
P W P Q R Q M U C Z T T W G T T L Y X L B E A Z Y L U K H H G B D L B Y O
X I M P P J R A T I C F L Y C A T C H E R B N X G S M U B U T D P B I N Y
B T W I B I H E K X M V C M I A N C I W A E N A N C I I U D M P E B L R Z
G U L X J U Y A U W Q R J B I G X V Q Y V K U G B K M W X R M Y W A L I U
M Z C Z F A X F L Y E E M E E P O W B C M C L M N I R Y I T K L E J E N T
Z K U O E Z W O V C F E D I Z Y J W C L F Q E Z H J H Z X X H Q E P D X R
O R T Z F M I Q C E B Q B M T T V Z K H M K T L A I C Y K K M J B E E J E
```

La Sagra's Flycatcher
Least Flycatcher
Loggerhead Kingbird
Northern Beardless-Tyrannulet
Nutting's Flycatcher
Olive-sided Flycatcher
Pacific-slope Flycatcher

Piratic Flycatcher
Say's Phoebe
Scissor-tailed Flycatcher
Sulphur-bellied Flycatcher
Thick-billed Kingbird
Tropical Kingbird
Tufted Flycatcher

Variegated Flycatcher
Vermilion Flycatcher
Western Kingbird
Western Wood-Pewee
Willow Flycatcher
Yellow-bellied Flycatcher

Vireos

```
B L U E H E A D E D P W J M V R A R X R O Y O W S
N L B I G J C O T Q A A O G Y X G E R B F Z R C D
X R I U V N L E J W C R H J F E H D V C P V H G W
J R X Y K O C C U R B C Y C T O E A S J N B A S
D G X R R L E U P R Q L F C U A T Y N U H H L A R
R Q G R A Y V I R E O I A K Q G W E O B X E A X X
T H I C K B I L L E D N W T E J C D C H R P C C T
H T H X D P I O L Y J G B Z F I P V B O K R K H E
O V E S X I U J O F C H V B Z I R I L N K U W H C
W S R F Z J S Z J C Z H H R F T L R A F B S H A G
H V J H U T T O N S V I R E O B F E C X T Y I H A
Q I Q I J F K Y F W D U M Y Z E U O K X J X S Z W
P R D H V Q J E S G Q N G E R W X T C N V Y K U C
H E L P S W N L W I I M A L R G C X A O V X E F C
I O R L A M Q L U B V E X L J B I G P V J I R P P
L G Y U N K W O I U X W G O V E M K P G Q L E W Q
A O H M I T O W C W S L M W K L H G E S X F D H T
D R B B L Q N G V L P F K T W L T Q D X R C P S F
E R S E A K M R S N C W K H P S W H I T E E Y E D
L A Y O Z R Z E O K Y T L R V V M O N X Y K Z L C
P N G U Z H K E O H A U C O U I G T N E Z V M W M
H E J S S V Z N X D X S W A Z R X Y H Z M L J K T
I G E Q Q F A T U A G M N T Q E U C M J Z M K G N
A R Y N A M S F C K Q E A E E O X G X M A P Q B W
C A S S I N S V I R E O X D K Y T P Y H B Y R N N
```

Bell's Vireo

Black-capped Vireo

Black-whiskered Vireo

Blue-headed Vireo

Cassin's Vireo

Gray Vireo

Hutton's Vireo

Philadelphia Vireo

Plumbeous Vireo

Red-eyed Vireo

Thick-billed Vireo

Vireo Gorra Negra

Warbling Vireo

White-eyed Vireo

Yellow-Green Vireo

Yellow-throated Vireo

More Random Bird's

```
P Z V Q O J A C G A W R L Y F D U B G K Y L L Q M G Z S
D D P A C H H S H W T T L F W H I T E W A G T A I L F D
R B P A R A S I T I C J A E G E R F O R G G E Y W A J C
Z G B G X K A A O M U P D V P O Z V K G F L S T K M B U
B U B D E O P Z I X T C O A Z Y X O J Z C S G W G M W L
H Q S X A N O D A R S G I R Y J R L O K U X N C C K P Y
U N O C S O M Q O G F H H I P S Q V R J S N S Q C B W G
K L G V T R A F L P X B R O W N S H R I K E L B Z J G I
C O H N E T R I I H A X G L J L O N G T A I L E D W R W
I G G C R H I N V A V B F T P E C H O R A P I P I T E Z
W G T Q N E N Z E I B R I R O Y R L P D C G M U O S A V
E E S K Y R E Y B N G S I E W K B F S O M P P T U F T Q
Q R A B E N J W A O U D N N O L X N X N M R X L R A S W
V H M W L S A V C P W C I L A W V X T D F W U N Q X K T
N E E C L H E D K E H I D H Q R X H Q O P Q D Z T X U O
I A R K O R G N E P I X W Q A C B R O W N P E L I C A N
K D I X W I E Y D L T S O U T H P O L A R A F U D C D N
T X C A Z K R V E A E A C X K H D B P Q U M X Z X E E O
B U A B E E K K Z F F P R Q S F W S P M G R B J C I H X
P P N R E D T H R O A T E D G X G N Q O U G D E M N S Q
Q O W L L L D G L W C P R D K D L H C D M W X O C T I P
G T H T F D N A J J E W P Z W U S P R A G U E S T A A H
Q S I G R I H N G P D A I C X A M E R I C A N P I P I T
U Y T D X G F Y F J F T I C K W Z B Q S N Z X N C K S A
J B E Y S H O Q B J G P I E J B U H G J Y C M V O F V Z
H R C W I L S O N S S T O R M P E T R E L R V E G C T P
D V P F Z E V X F R V D H S K N D R O N X F H U O N P J
R H O Z O L U U L L R E E O R K S O X A P A R B R J I
```

American Pipit
Eastern Yellow Wagtail
Olive-backed Pipit
Pechora Pipit
Red-throated Pipit
Sprague's Pipit
White Wagtail

American White Pelican
Brown Pelican
Brown Shrike
Loggerhead Shrike
Northern Shrike
Phainopepla
Great Skua

Long-tailed Jaeger
Parasitic Jaeger
Pomarine Jaeger
South Polar Jaeger
White-faced Storm-Petrel
Wilson's Storm-Petrel

Wood Warblers

```
I H H T J J Q C C I B G I C O N N E C T I C U T A L A B F
K P B T D R O N V L A L K W Z L W M Z B V K F D I L O E
E Q S A U V M F V A E G Z J N Z C U S Q G I T L K B K D
L N P M N O M E W C R E S C E N T C H E S T E D J C B S
Q X E L B E O V D K O X J P M X O Y A Z W A O A T Y L U
J I W Y L O N E E B B C G C O L I M A W A R B L E R A Z
Q I C W A K Y A W U R J X M K F R S P P O X I C U S C V
W B U O C A E T K R Z M C R V E D F B A I U J B Z V K O
K Z M K K A L J E N T D E F A N T A I L E D U X T S T L
E C M K A L L Z N I I P E E V K L D J V J Z C F V N H Q
V W M O N R O R Q A H I A M E R I C A N R E D S T A R T
C O L C D U W C R N V M S D P K L Z U B X B B R Z I O B
N J X P W I T E W I O W B R A F Y P J A P L P V B G A N
P N H R H D H B W P M N J O O U R S Y Y Y A O A L B T F
I L T Q I J R X S X C E R U L E A N Y B U C Q K U Q E B
P Y C U T O O F W M D F O K I O W I M R R K M G E O D B
C Z D N E C A P E T B P K Z O C C W W E C T P T W Z G T
Z B O D S U T O W K G L L Z G N U W X A S H K V I X R B
F B J X M T G F K I L J I Q L W H A H S M R Q H N R A Z
G C D E K G Q Q U Y K T W O S F E X N T Y O L F G T Y Y
Q U P C A P E M A Y W J S R O O Y I X E S A S S E L B F
A T C S O H D J E Q K Y H B N Y G G Y D I T B D D Z K J
K F A X H O R G O A C A N A D A W A R B L E R A T G K W
N P Y B L A C K T H R O A T E D G R E E N D C E K T F F
E Z Z V L F C H E S T N U T S I D E D X M B Z Q I A O S
X H J B I S I O R B L A C K P O L L P G L T P I T L B
W Q F A Y Z Z Y A I K B M J E R B N D A J U W U W P S T
B V W O U X K P L G J D J J L Y A L N E W E R W S W K F
```

American Redstart

Bay-breasted Warbler

Black-and-white Warbler

Black-throated Blue Warbler

Black-throated Gray Warbler

Black-throated Green Warbler

Blackburnian Warbler

Blackpoll Warbler

Blue-winged Warbler

Canada Warbler

Cape May Warbler

Cerulean Warbler

Chestnut-sided Warbler

Colima Warbler

Common Yellowthroat

Connecticut Warbler

Crescent-chested Warbler

Fan-tailed Warbler

More Wood warblers

```
L U T F W J K L M P Q I K E N T U C K Y W A R B L E R E T
G G H N A K P D R K S D X W V G O F F Q W U B R P B K C C
E M A C G I L L I V R A Y S T U L W J K T F U E W C A G F
A A J S Z F Q V Z J P P C H H V J L B R F O F X X Z F R G
J Y A D D E P H H E R M I T W A R B L E R O F V M Y A A Q
R E F D H N V J Z A S Z T U T E C H Q U E K Z G Z O E C H
G C N N T S F R W L C N A O I T O C A V S S F S T M B E T
M R K Z X R H Y Q E Y K H C B L E P S L T Y Q F H O N S G
O U G P A G N A D Y E F M P R N Y H D V Q O H O T U F W O
M N M Q X D N H O O D E D W A R B L E R W C U H T R Y A L
K O N Y G A E Y Y M O K B A O G D N Y M K W Q S X N K R D
G R O J X W T J V U O R A N G E C R O W N E D L I U B E
O T R U H F F Y T Y U I C Z H Q U Q I H G W Z V M N I L N
L H T F I U N A S H V I L L E W A R B L E R I V A G Q E W
D E H Q Q Z Z D R B T Y Z B L S W A V M G O S E G W A R I
E R E K I R T L A N D S W A R B L E R V R M N S N A Z W N
N N R M I R S Z V R D G O L D E N C H E E K E D O R B L G
C P N R L W A O F B G K J X O Z T X N N V W T E L B D T E
R A W X G V S M J E R G R G C I V V G M L V H R I L E H D
O R A R B L O U I S I A N A H I J B I X P T J S A E D X X
W U T M V L U C Y S W A R B L E R U V Y E D G Z W R Q Q N
N L E M X J N D F U S G O V U K O Q W P L P K V A A D O Z
E A R B E S T Y R G L R G Y G W R V W X J O R J R W P S L
D T T K P Z K G S Y D R T R Y E W R Q G M V I B G L A V
Y J H A G J O M X P I Y Y Y F F Q J K K P V H W L A U N P
U M R V Y G R A Y C R O W N E D V A K F S Z V W E E D G Z
J R U E W A M P Z P D H N D A Z G B K B D D W O R L O M I
U O S P U X S N W U M A V E Y T H A D S X Q X Z S Y O V E
H W H S H R D I F J K Y E N C B R E B N H Y O W X Z F T F
```

Golden-cheeked Warbler	**Hooded** Warbler	**Magnolia** Warbler
Golden-crowned Warbler	**Kentucky** Warbler	**Mourning** Warbler
Golden-winged Warbler	**Kirtland's** Warbler	**Nashville** Warbler
Grace's Warbler	**Louisiana** Warbler	**Northern Parula**
Gray-crowned Yellowthroat	**Lucy's** Warbler	**Northern Waterthrush**
Hermit Warbler	**MacGillivray's** Warbler	**Orange-crowned** Warbler

More Wood warblers

Even More Wood warblers

```
Y F F E T N O H C E J Q F S O U P M N W J T P T B S V S L G
W A X A R V W Q X R K B L S M D A I V F C W H A S M W Y N I T
S A D O I R C M F G K N L U F O A W Q F S U L H K A O E S W
E A S C P R N V O G Q U U P U W M X D W L D F M H C I T D W M
Z F G P I C O A Z Y U D S T F N D I W Z L W G W V R N Y P S N
Z J J U C I O N A X E B R P M G Z Q I M A Y E F A S A S W P R N
M B I A A N B W I L S O N S W A R B L E R B V R D N O P V B U
X V P I I D L Z T M R L C X I K Y B G Y G H B T U N J H X J
F Z W V P A I N T E D R E D S T A R T Z U Z R L V V S M H B I
I E X I A S J O Y S R E M Y P N W S T H L E G E N T D M A P X
B P B Q R W V T P G X E B R U W E D U S O Z G R W T E M I P I
O B H G U A T E O K U D S P J O T L S L T N F R B I Y F H R D
P Z F D L R H N W F T G H B T B G B Y A P I N E W A R B L E R
B G G U A B H B N O L G N C D S P X N T R S W H P P H R N D Q
T X K H M L T I S R U F O U S C A P P E D V N Z C B W G G S V
E Q B O I E T R E W R K V T P K D P F T C K M F X N G D C X U
N G X H K R A D N T Q J N E V P V R F H I E Z L L W L K Z X F
N P Y O X T W M D N A K U E O T N A A R W J E O D J B M H J J
E M D Y W C S P S U L Z W I R T L I W O Y F I U E G D N Z P A
S U X N L U U Z Q U D K F V V S N R S A E U H P V V W B I R Y
S R E D F A C E D W A R B L E R X I U T L F H Q M L W I G O P
E D P R B E L J N Y Q I V P B J Y E I E L L W L F V Q X T D
E T C C B G R M K G Q Y P L I Z T W E D O L F O P L H A U H L
W A Z E U J A K H G W I L R Q X N A T R W C O F O R H O U
A R K Y E L L O W T H R O A T E D R V E R W B M D P G K Z N Z
R P L I B R W B E P V G K A G Z P B B D U P I N K N Z O X O H
B B V N N W K U I E O Q M X X Y L D S M I T P V O T W G T F
L V G B R Y F K A P I X M L W Q C E J T P O E H F K K A P A M
E F Q X T D W O R M E A T I N G Z R M A E Z V Y S C S A L R I
R M O O A S K C Y S E I I G R Q V S P R D R Y I P O L X D Y C
Y E L L O W W A R B L E R C Q P U H J T Z L L T N I L L T D K J
```

Ovenbird

Painted Redstart

Palm Warbler

Pine Warbler

Prairie Warbler

Prothonotary Warbler

Red-faced Warbler

Rufous-capped Warbler

Slate-throated Redstart

Swainson's Warbler

Tennessee Warbler

Townsend's Warbler

Tropical Parula

Virginia's Warbler

Wilson's Warbler

Worm-eating Warbler

Yellow warbler

Yellow-rumped Warbler

Yellow-throated Warbler

Even More Wood warblers

Wrens, Starlings, Mynas & More

```
F G F U Y Z N Y P U D V N X J U F C R O C K W R E N
Q X L T X P S B A A M E R I C A N A V O C E T I R Z
V J Z S R K Q Q R N M X A J I Y D R O A P V L R D U
E U R O P E A N S T A R L I N G Y O C T H G E H G I
X R E E G K L N Y H R W R T U R O L F C Y G C U K N
P K B U H I C E D I S B Z C B C O I Z N R R T I Z I
Y D E C O Y P C S N H X V T F W Y N K X O B A N M A
T S W J U D I L L U W J M Q P X C A Y A T D Q P D H
X F I S S D X C E Y R U T P X B U W R L N P O G Y X
G Z C I E C R E S T E D M Y N A F R D F O A H I W M
M F K H W D K D B E N X Y E M A L E M M O C P C E Z
W W S H R L L Q G G A U P A W D S N E D T I N K S M
B F W N E W W V M W M Q D P R Z U K A O Z F Y I T H
K R R P N X S C O M M O N M Y N A S X T I I V X E T
L K E M B L A C K N E C K E D S T I L T K C J W R U
Q D N U S U W A T H H W A F K T Q E M L W W H U N U
C I W F Y J F J K G Z O O W P B W U I W V R K D S J
A Z Q S K Q L A G G H O Z I O N S Y F N N E O W P P
C U N E B J G B J D P D L N I I D W I W Y N D N I Z
T X J D U Z R I J D Y S H T C A N Y O N W R E N N Q
U Q C G V B Q R P E V T V E O Z R E B A Y S O R D J
S A B E N L C U E B R O C R V L S T L R N L O A A M
W S F W D E Q G T S N R F W U M J A D B L M F W L O
R A L R O K P T G B U K B R Z R G G T H U I W K I Y
E D K E Y C V Y R K V N O E M T E Y S F W C Q D S Z
N Y H N K A R V H A O Q N L K H W E G F A C M T J
```

Bewick's Wren	Pacific Wren	Crested Myna
Cactus Wren	Rock Wren	European Starling
Canyon Wren	Sedge Wren	American Avocet
Carolina Wren	Winter Wren	black-necked Stilt
House Wren	Western Spindalis	Jabiru
Marsh Wren	Common Myna	Wood Stork

A lot of Different Birds

```
Y Q T V N Q R P A R U K D W R P Y U M K F W V E R D I N
J Q O T P Q M F H X T J W S S V W D H R O M V R J Z H O
Y E L L O W B R E A S T E D C H A T M F V L Y L U F M I
I W C R I D V Z G H P A Z R Q U I L M L W U D I R E Q C
J G X E D P A X D I I C O P F Q P L K S K H R R H S P B
J D L Q M B K G B Q T W N P Z Z X F T U Z Z E K Y C V H
Q E X X K P X B L W H I T E T H R O A T E D D H S A B C
N A K K J L D O A W Q O O Q F C B M Z F J P E T L W L N
T R L Z D S G B C V A U X S S W I F T C Q Y A S Y Y G U
V E B T H P G O K L K Z K W O X I H I J W E I K E B J P
Q D B K A Z L H S B J G S D S K T K W B H C L I L R F R
T Q R W I U E E W N S V J A N R T U R G I E E Y E E N N
F U E P A S W M I L S B G O S O K G A N T D D Z G A B N
G E A Q M O H I F M L U J J I N T M Q H E A N T A S O P
L T Z Y G E I A T B C Z L X T J Y Z G V C R P J N T E R
U Z Q E X K T N Q A P L M J N F I Y V S O W K O T E W U
K A F B M Y E W G N D G C M U I U P E F L A T Z T D F X
N L F X P D T A U A L E C Z H D R W O Q L X M C R M G F
U V I V B G A X E N L G F F M N Z Y F S A W K L O U X E
J D S Z V D I W F A Q Z E M G I U U B H R I K S G N D A
K L B P Y G L I Q Q T Y C I S I H J Q P E N U N O I Z W
A Z N Y P R E N X U A T E Q A V Q R O Z D G H I N A F V
V J P B R O D G X I V M O R E L E T S S E E D E A T E R
A Y Y M G S R W S T P L J K E X W R E N T I T F A Y X T
B J C H I M N E Y S W I F T F E X X G U U J F S E S M W
V T M W R E D B I L L E D A E S C X J R X V H T V D V M
R K M D Y V W P J F L B N O V T V W F M D S L H X F X Y
N G N T H G E H D V H Z L R W N Z M M Y U Z T V T S Q N
```

Black Swift

Chimney Swift

Vaux's Swift

White-collared Swift

White-throated Swift

Wrentit

Bananaquit

Morelet's Seedeater

Eared Quetzal

Elegant Trogon

Red-billed Tropicbird

Red-tailed Tropicbird

White-tailed Tropicbird

Verdin

Scaly-breasted Munia

Bohemian Waxwing

Cedar Waxwing

Yellow-breasted Chat

Woodpeckers

```
C T Q M Q F J C Q V U A S A P S N T T T K Q H V R L Z F I N D B
Y U Z W Y A D R F I E D V C Q O M W H I T E H E A D E D X A K S
Z T Z V L R B T A K G Q R O G B A U J G I L D E D F L I C K E R
B H T Y Q C I R N Q W I H R X R X L A D D E R B A C K E D K V V
V B A T A A A W F F H G R N Y V G B B H Y D H H J G U T O W I L
E A B O W R K L S X I P G W P Q L P R F T Y S E Y M Z C T R Y Y
F Y M X Z Q Q Z P F O G C O F Q U U F T G M G I J Y G T B E Q E
W E C X Z O Q Y Y D G F K O X O Q F P H Q O W W G D G D D D Y L
N C M H L E W I S S W O O D P E C K E R P Y Y R S D R O I N O L
W G B O N U M G B Q W K C P O A B G A V K H V K M K E W S A C O
C J X E I T N W G I J K R E G K Q F K F X B A R K A D N C P X W
Z S O G I L A W O O D P E C K E R K A Z Y R U E C M C Y S E N B
R V G I A S T K B N E R H K U V A E F H H Z A D F E O W S D Q E
K D S X F K G H M G Z H I E M C M Q L G N O F B B R C O D S O L
B A O D B L O V F H S K P R U D L L J S V F S R M I K O L A D L
Y T I G Z L L L J L Z I V Y X Y R K C V A C E C E M C A D W P A I
M P X W F Q D B L A C K B A C K E D Q A I P E A S A D P T S K E
J K N O Y Y E K T R W J P C B D E U M S O D H S B N E E A U G D
C G O I P G N A L R A S G B H S N H F T B R A T H T D C M C U S
C E R J N Z F P I L E A T E D W O O D P E C K E R H B K N K S A
Z C T V J I R O O I D A B R W A J F C P Y Q Y D Y R P E E E M P
W B H W O L O K H A I R Y W O O D P E C K E R N F E S R I R Z S
G Z E M L X N E S Y T M J A R I Z O N A W O O D P E C K E R K U
Y K R K O I T B X R M H W Y I O N I V L H N N M V T G M X R F C
Z K N I N B E M J T C B V E S R X N A I W H S L Q O J N X H M K
H O F M N O D X C I W W A P A W R J I C W E I P T E H D F Z X E
N Q L G U U J V U A L N U S N W Z F W G Q B U J E D R J S X P R
E T I X K Y L Z U W Y X D U Q I G Z N L R X Q R E D H E A D E D
D C C R W A W R Z L W G Q S G U M S J F A T N I N E V K O P A Q
T O K Q B V U U G O R E D B I L L E D W O O D P E C K E R V P E
D U E M Q B H N I I N M T V N U T T A L L S W O O D P E C K E R
H I R T B P V B J U K Y N N G S W I L L I A M S O N S P N U V P
```

Acorn Woodpecker
American three toed Woodpecker
Arizona Woodpecker
Black-backed Woodpecker
Downy Woodpecker
Gila Woodpecker
Gilded Flicker

Golden-fronted Woodpecker
Hairy Woodpecker
Ladder-backed Woodpecker
Lewis's Woodpecker
Northern Flicker
Nuttall's Woodpecker
Pileated Woodpecker

Red-billed Woodpecker
Red-breasted Woodpecker
Red-cockaded Woodpecker
Red-headed Woodpecker
Red-naped Sapsucker
White-headed Woodpecker
Williamson's Sapsucker
Yellowbellied Sapsucker

Chickens

```
R H O D E I S L A N D R E D H V U L W Q R I S M F
Y Y F R W B T F S G A R A U C A N A O H F P C N A U
S A G H A A M X J Y C P U B A R N E V E L D E R P
K V M N H U L K J J M O G K Y Y X B T G M W K A Z
O E K T L S B N E I D L O T P A N Y Y U T T R N N
W R X A W T P T R L D I Z Z K L P I C W I M J S E
T O C K Q R K H S H K S C H J M X A Z S A L R J J
Z L T L I A T L E W K H G X V Q F J L S M V Q W O
J L D X S L N W Y Y Y A N D O T T E I D E I F U I
U E L I O O F X G O N E W H A M P S H I R E R E D
W S A S J R U S I R R G P H H L K C E L A S R W C
Y X R A D P Q I A P Y L L P T H N O Z B U U H G G
A X Z X B L S L N I J L Y N D H S C W U C N Y I I
B S I K T H U K T N U D M S S U N H E W A C T V K
B R K I E A L I N G K Y O E I I V I L B N O U K M
R Y B P W X T E Q T H D U B N F O N S Y A R Q Q Q
M K R B K R A O D O Z M T R M V L T U E N N J Z C
L L A X E N N G L N B B H I A P E A M A W I L K I
U C H B H A M B U R G P R G G G H G L M S P S D J Z
S K M X Y S U S S E X B O H N A H E E T W H P S Z
J Q A V W G Y B C I Q Y C T Z E O O R E V R S M S
T J Y F E S W G V T E H K P G K R T R R N A X A Z
X Q A C R F N R F B E B W I I J N E W E S C W W K
V Z E S J Y C A G J Z L V X U B E P P G A R N G Z
I Q I G X O N G N A Q L Z Z W O Y N I G J D R H K
```

Plymouth rock
Orpington
Australorp
Brahma
Rhode Island Red
Silkie
Leghorn
Wyandotte

Cochin
Sussex
Polish
Jersey Giant
Ameraucana
New Hampshire Red
Araucana
Barnevelder

Cornish
Marans
Sebright
Faverolles
Hamburg
Welsummer
Sultan
Easter Egg

Penguins

```
H B S K Y S M P S P H I U A M A B Z T J B A S T H G M L
X N O O E V A P V X R C H E P A V U E G C C Y L Q X A M
D K U F L T M S J H S X Z X L X G X D P H P A G C B T J
E S T U L H U M B O L D T P E N G U I N Q Z F Q C E J D
V S H Z O J J T J J O T E G W R E T C E S C R P Y H Q X
Z A E K W T K D T M J P N M H G L F F H S C I M R B L O
P S R G E N T O O P E N G U I N R S E V G Y C K E Q I E
H X N M Y S Q T F U L T Q M G L I M Q D R I A J J H T O
W I R Z E J J N O N B I N Z A P H H S D R H N D T G T G
F W O K D C Z C E A S T E R N R O C K H O P P E R A L W
R G C K U Q A H C E V F I O R D L A N D Y D E W Y L E M
L C K I G K D I E R R K H G D V I R C K A M N S A A P A
Y V H A D C E N Y E I I Y U X Y W G Y S L X G X V P E C
O I O Z V B L S B C Y N F T M H S B G Z P I U O V A N B
S V P B Z R I T M T U G I R A F J Z L I E J I O R G G P
G A P I Q G E R K C P P D H X W Y P M Y N X N K V O U C
A L E H Y Z P A T R Q E J L O B O Z A H G Z K O Q S I J
G W R M J F E P M E N N V U W X K H G X U Y F S G P N P
M A C A R O N I E S D G B M R L Y P E N I C G K T O H C
M L S M Q I G N K T O U G H W J X G L X N S O Y D V L V
V O Y Q A B U V V E X I A U S T R A L I A N L I T T L E
L D O C D P I G D H N K U Z E T H A W J G W L Y U Z V Z
E Q H T T Y N A Y L M Y P E Y X G R N H J F Z A K F C K
N O R T H E R N R O C K H O P P E R I E I Q H D E E O Y
H G A S B K U B G K H S H C V D W R C Y T J I E O K B F
U X Y L K O U D J F F E M P E R O R P E N G U I N U Q P
X V P U D I T Z M E O D Z I O R M I Z Q N J Z W M P E V
G O C T G J Z N J S N A R E S P E N G U I N G S Z V E
```

Emperor Penguin
Gentoo Penguin
Adelie Penguin
Chinstrap Penguin
King Penguin
Southern Rockhopper Penguin
Little Penguin

Macaroni Penguin
Magellanic Penguin
Galapagos Penguin
African Penguin
Yellow-eyed Penguin
Fiordland Penguin
Humboldt Penguin

Royal Penguin
Erect-crested Penguin
Snares Penguin
Northern Rockhopper Penguin
Eastern Rockhopper Penguin
Australian Little Penguin

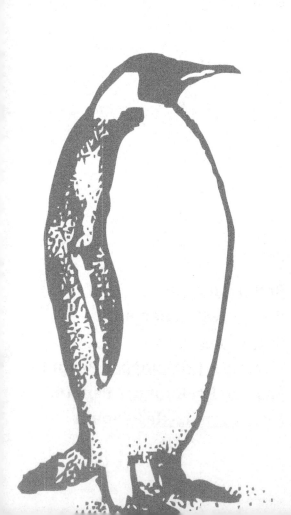

Bats

```
N N K X O O Z W B M Q S X V N B G F I H N W K K F R T T G L X
Y T J X E Y N Q Q P D S P R A Z Z E P D J L O N R N H O B H Z
C D O X Q I V U V O H A P S I O U R U F B N B E C S J T O T E
U E P B P K L W O I J O C M N T A Y Z B F B J P P A W H N O G
A S A B H E L H F R C F T D K F M D U W O V D G R R H M H K O D
I E L B O I X M Z P J T D C X M Q N Z M A C X G P C B G B P I
I R L I O I X I F D E E X G E U N Y R S S Q N I B S J B R R A
M T I V J V X Y W T W D V Q C B I Q G C B C Y W Z L Q L V P M
I L D T T K A I G U M J C F F J X X R O E Q T T Z C P D K X E
V O B G U J E E F F U B Q S E O Q P E V S X C F T G Q G G O X
R N A D F S B J A B K W A I L X Q V Y K L C U J I Y D Z W M I
Y G T R B R O W N L O N G E A R E D H W K Z Y D C Q U Y T G C
I E P E T E R S D W A R F E P A U L E T T E D Y A V X S T M A
Q A J J J G S C D T K Y F N C Y A Y A Y R H O N L I Q V T O N
B R R Q Y H K T H S Q O L G N Y C R D X L B B V I F E M Q H F
Z E C X C A N Y O N B A T U G B F S E W P L M J F B Z W V Q R
H D N C I T P Z J W S A F N R I F Y D B R X V V O F Q N Z A E
Z Z W R M Q Q N T Q R U Y C E G W U F S F T H V R I K U G J E
Q B N K T P Z D O H B U U N A B U T L S G Y O K N V V Y R H T
U I V L M V U K B Q Z M X S T R Q Z Y B Z N A I I X I M V B A
D M A R I A N A F R U I T O F O Y F I P E V X R F A F F W M S I
X U A N O Y X Z B I I D Y Z R W N H N U A L Y H L N A W N B L
U V I T O E Q M C N L F U S U N N K G K B E B X E R J J A T E
A P S W S F S C D E L U J W I A P G F X P X A O A J W X I N D
H D A X K L N Z A B X M T M T A Q A O G M B T B F L Z K J L Q
D G J E L K G V H X P L M K E Y I M X C A M P X N S K N E Z W
O U B F W L C W E V U B P Y A M W X R S W K L K O V D I R W E
O W A H J W T N Z I X Q H T S R U U G Y Q V N S B L N B R S
O U D E J Z U F K T F G R A I A G B G X V D Q I E R A X Q D A
R W A J B Q G D A R T L L T N X D R A H Y Q E S D B K A N W F
K L I T T L E B R O W N V Q G X P X K P G T S N C P Z F X L C
```

Hoary Bat

Little Brown Bat

Big Brown Bat

California Leaf-Nosed Bat

Mexican Free-Tailed Bat

Pallid Bat

Brown Long-Eared Bat

Great Fruit-Eating Bat

Spotted Bat

Desert Long-Eared Bat

Canyon Bat

Mariana Fruit Bat

Peter's Dwarf Epauletted Fruit Bat

Grey-Headed Flying Fox

More Bats

```
I I N Z T W R F O T E S A M L Q O I K A I O G Z A B J E J I C D
O N D U G X P F T R O R M N Z U U Q J J N K A T T D H M A N Z I
W B R Q K P V O C K H L Z O D V E D N E X O J U N B D V O D T S
T U L T S J H R U Y P O M Z W W A N O B M J M C D F J N O I V G
K N W L Q H A W P S Q N B W W Z S T X R F K F G V K Z E N A W B
J I L M D O M X Z U E T W A X M T W B L B B Z W N M F Z D N U A
T O C O Q N M Y U L R G I T I Q E T G O P I Z Z V X W T C F C O
P R P X C D E M A A T J O E H Y R U E X C D T Z E M Y B A B H
Q D V M E U R H U W J G F Y B G N Z F C J U X E G R D E M U L G Z
J J H M K R H M S E O W G H W S R V U Z U D V C C O D Y N S B R
L R W Q E A E H S S K E H O O X E O Q U V C T F G I T U E O V
P D V Z G N A O T I N L K W V Q D P K U F B I L U M T L Z V Q G
T S L K Y W D F G F H D S A Q U E H J T X Z J R Q S E Z I A V V
B J X T P H E D W L Z J X D E M E P S D E X B V A J R H L M G M
Q I J S T I D H S Y D D O X D S P I H L U K Z M O Z R R V P T Y
I L R U I T Q Y B I G E A R E D W O O L L Y J T P Z A E V I A F
C G W J A E D E T N Z M W E W D Q D L O O M V J G B N F J R T L
R Z O G N U S O P R A N O P I P I S T R E L L E H H E V V E N G
A R O E F F L A M Q N J J I E S Z G N U I R U S X A S B B E I
S L P Y R X M K R C L L P J E S H D A N T I B A R F N I G A E U
X M V S U A I N D I A N F L Y I N G F O X Q N M S Z H N M T V F
K C S M I X U N O B H R E W D B D U C G X Y W R O K F C B H
E U D S T Q I K O C S M F Z E Y U A Q N O M N M B P R E E F L P
L J T T X O E P Z H A B S N E O Y G U Z F N Y E W O S V Y D F K
F G E M A Y D N X W A P O D O C E J H X X F Y K U V E K L W U B
I H M X N S J C T K K G G J M A V S X S N H B Q V R S I B X G Y
H O P N D T W G D Y K J P L V X A N H D Q S V D G M H O Z A J J
Q S Z D A A L E S S E R S H O R T N O S E D P O M X O H Z Q N U
J T H H V M P O S D L G G U A U I B P O S S Z D P I E D B A T W
J B Z W U P P I K F Y S P E C T A C L E D H Y L M O X F E J J U
H A Y L N P L I U Q H X H L L G B U I K O V U M H G C E T X W V
U T M X D Y N Q R G S E F G K R D X N Q Z L V U S W K G Z J L B
```

Ghost Bat	**Eastern Red Bat**	**Indian False Vampire Bat**
Hammer-Headed Bat	**Soprano Pipistrelle**	**Spectacled Flying Fox**
Lesser Short-Nosed Fruit Bat	**Big-Eared Woolly Bat**	**Egyptian Fruit Bat**
Honduran White Bat	**Pied Bat**	**Indian Flying Fox**
Mediterranean Horseshoe Bat	**Sulawesi Flying Fox**	

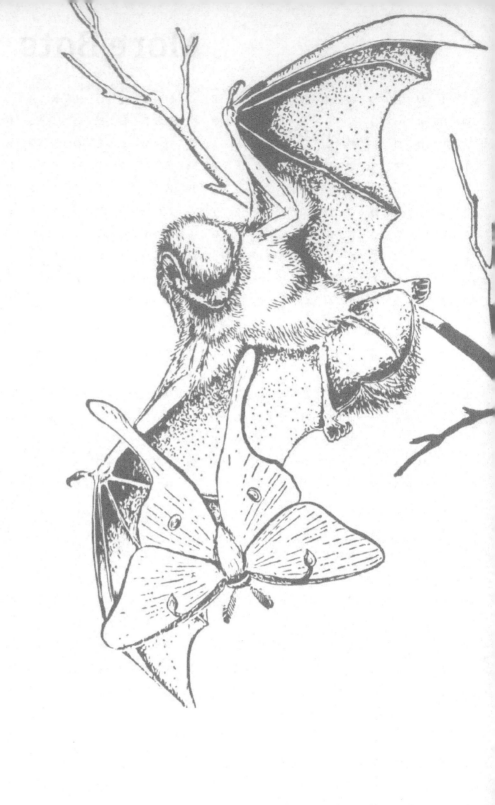

Toucans

```
P L C X C H E S T N U T M A N D I B L E D Q F U Y J U
A E M M L E X E B A J U J H Q R Z Z M P A Z Z H E Z M
O D M Z E N L B U E I C H H O B A P R W X F S S L A G
K K T J Q Q O H S Y I J G H B S U N R M W Y S P L R A
B L A C K M A N D I B L E D M U M O Q S U G B V O F X
L P Q A X D G W N I D T D A Z B G P E Z T U C T W P G
Z R C J C C H G P Z D W P P W T E T E M O I R B E C J
M V H G R E E N A R A C A R I K F M F M R A X P A G T
Z F A E V R A M P H A S T O S R Z P P Y J N Z T R R T
J M N W H K J C R V I D U V F G E I J V Z A K L E B S
M P N H K E V I Q S B X J T H P M K G G K N A B D U L
X V E I U E O F I E R Y B I L L E D W E Q T R M B V E
S E L T H L C H E S T N U T E A R E D L O O R K A Y T
V P B E Y B S O J V O S M J V R A R P X N U P K N G T
B K I T K I E F D P Y D R P D L M B U A C P P C N E
P F L H A L L O Y C O L L A R E D A R I C A R I S K R
J U L R N L E P S Q P M Z H G R T K A P M N F J D N E
S O E O C E N R I Z C C U C P Y O A A K R E H U W T D
T N D A Y D I E M E R A L D T O U C A N E T Y Z B W A
Y L X T D P D Q Z L B N A L C B C D Q D B L G W J H R
Y Y V E X K E H U T K K I I M K A I U T I Q M B V K A
X K L D C U R L C R E S T E D D N M T G H L C M G O C
F W N E T L A B D V M C L V O P E F L Z N Y W K W P A
P C C A S K D N Z M C N Y V X X T M S O U L A X R M R
S G G F T P Y V U O A E T O C O T O U C A N M N Q D I
M O V H B M K Y W Z O V X B R L E C G A P V I P U M T
E W M S U B H U N I T H T F Z Y S Y K O J T T L C V Z
```

Keel-billed Toucan

Black-mandibled Toucan

Fiery-billed Aracari

Collared Aricari

Emerald Toucanet

Yellow-eared Toucanet

Chestnut Eared Aracari

Curl-Crested Aracari

Emerald Toucanet

Lettered Aracari

White Throated Toucan

Toco Toucan

Channel-billed Toucan

Ramphastos

Guianan Toucanet

Selenidera

Green Aracari

Chestnut-mandibled Toucan

Solutions

Parakeet's & Parrot's

Blue-crowned Parakeet
Dusky-headed Parakeet
Green Parakeet
Mitred Parakeet
Monk Parakeet

Nanday Parakeet
Red-masked Parakeet
White-winged Parakeet
Yellow-chevroned Parakeet
Lilac-crowned Parrot

Mealy Parrot
Red-crowned Parrot
Red-lored Parrot
Thick-billed Parrot
Yellow-headed Parrot
Yellow-naped Parrot

Auks, Murres & Puffin's

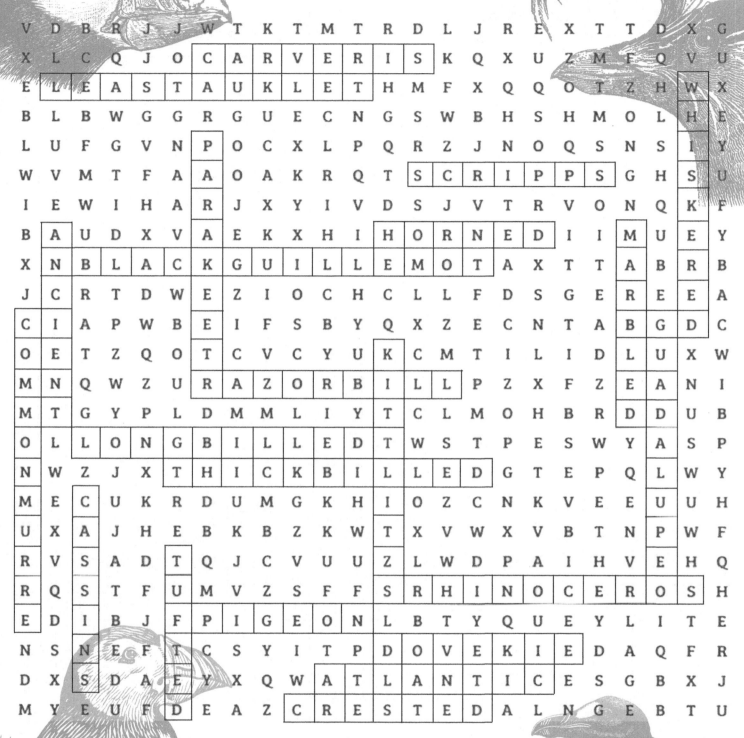

V	D	B	R	J	J	W	T	K	T	M	T	R	D	L	J	R	E	X	T	T	D	X	G
X	L	C	Q	J	O	C	A	R	V	E	R	I	S	K	Q	X	U	Z	M	F	Q	V	U
E	L	E	A	S	T	A	U	K	L	E	T	H	M	F	X	Q	Q	O	T	Z	H	W	X
B	L	B	W	G	G	R	U	E	C	N	G	S	W	B	H	S	H	M	O	L	H	E
L	U	F	G	V	N	P	O	C	X	L	P	Q	R	Z	J	N	O	Q	S	N	S	I	Y
W	V	M	T	F	A	A	O	A	K	R	Q	T	S	C	R	I	P	P	S	G	H	S	U
I	E	W	I	H	A	R	J	X	Y	I	V	D	S	J	V	T	R	V	O	N	Q	K	F
B	A	U	D	X	V	A	E	K	X	H	I	H	O	R	N	E	D	I	I	M	U	E	Y
X	N	B	L	A	C	K	G	U	I	L	L	E	M	O	T	A	X	T	T	A	B	R	B
J	C	R	T	D	W	E	Z	I	O	C	H	C	L	L	F	D	S	G	E	R	E	E	A
C	I	A	P	W	B	E	I	F	S	B	Y	Q	X	Z	E	C	N	T	A	B	G	D	C
O	E	T	Z	Q	O	T	C	V	C	Y	U	K	C	M	T	I	L	I	D	L	U	X	W
M	N	Q	W	Z	U	R	A	Z	O	R	B	I	L	L	P	Z	X	F	Z	E	A	N	I
M	T	G	Y	P	L	D	M	M	L	I	Y	T	C	L	M	O	H	B	R	D	D	U	B
O	L	L	O	N	G	B	I	L	L	E	D	T	W	S	T	P	E	S	W	Y	A	S	P
N	W	Z	J	X	T	H	I	C	K	B	I	L	L	E	D	G	T	E	P	Q	L	W	Y
M	E	C	U	K	R	D	U	M	G	K	H	I	O	Z	C	N	K	V	E	E	U	U	H
U	X	A	J	H	E	B	K	B	Z	K	W	T	X	V	W	X	V	B	T	N	P	W	F
R	V	S	A	D	T	Q	J	C	V	U	U	Z	L	W	D	P	A	I	H	V	E	H	Q
R	Q	S	T	F	U	M	V	Z	S	F	F	S	R	H	I	N	O	C	E	R	O	S	H
E	D	I	B	J	F	P	I	G	E	O	N	L	B	T	Y	Q	U	E	Y	L	I	T	E
N	S	N	E	F	T	C	S	Y	I	T	P	D	O	V	E	K	I	E	D	A	Q	F	R
D	X	S	D	A	E	Y	X	Q	W	A	T	L	A	N	T	I	C	E	S	G	B	X	J
M	Y	E	U	F	D	E	A	Z	C	R	E	S	T	E	D	A	L	N	G	E	B	T	U

Ancient Murrelet

Atlantic Puffin

Black Guillemot

Cassin's Auklet

Dovekie

Horned Puffin

Marbled Murrelet

Razorbill

Scripps Murrelet

Common Murre

Carveri's Murelet

Crested Auklet

Guadalupe Murrelet

Kittlitz's Murrelet

Least Auklet

Long-billed Murrelet

Parakeet Auklet

Pigeon Guillemot

Rhinoceros Auklet

Thick-billed Murre

Tufted Puffin

Whiskered Auklet

Blackbirds & Orioles

```
X Z U C C F P K S N B H Z Z W H W C G D B H H A M B A
R H R D P U K D H D R F R B R O W N H E A D E D H U Q
U L F L H E A V H W O Y S E W O W B V Z P B Z N R A S
B O A T T A I L E D N F H G E D A U M S S L J B N U Q
B R V G A B G G D T Z U A H A E E L G E P A M A Z S R
S S F Q O B X O X W E P F V S D M L F V O C A T I H F
B O B O L I N K T K D J U D T T A O N P T K U L W I K
D W T R I C O L O R E D Q T E Y I C K N B V D F W N V
N Y E L L O W H E A D E D F R M A K I R R E U Z O Y E
M P N I V Y R R B U W H X S N N B S T L E N B J M C K
H K X A X A E C Q B A L T I M O R E S V A T O O X O D
W P Y C L V D H Z E Q G S I E L D G T Z S E N C M W I
E X V C X G W Z Q Q F U F J A K H Y R K T D S W A B B
W I S O K U I S K T F G N Z D R R X E Y E T Z G F I O
L Z Q M H I N Y E F R L L E O G I G A P D B Z F P R R
V L I M P X G U U E V S X D W F E Z K A H F B C F D C
S B F O L J E X E X G O J X L W T J B U A N L L J S H
G A T N S M D N H Q W W Y O I A A L T A M I R A W Q M A
F G Q G R E A T T A I L E D R U M I C K S S U C P B R
P H Y R U J V B A V H Q I U K M X P K R L X M N M L D
K O Z A B M S Z F H L G P X N O Q L E U Y P P D V H U
Y X F C J V J H W J Z D H Y T U M S D T Z J I T D X T
V Q E K Y K T Z B A Q G Z R U S T Y B L A C K B I R D
U D O L J J W B J O W E S T E R N M E A D O W L A R K
B H N E X B Y B R E W E R S B Z W R L V G B J Q N L L
O Z T Q N M H N Z Y S C O T T S O R I O L E S G G A O
W I D Z P G R J L S W X H F L G E N Q T S Q O Y J R H
```

Altamira Oriole

Audubon's Oriole

Baltimore Oriole

Black-vented Oriole

Boat-tailed Grackle

Bobolink

Brewer's Blackbird

Bronzed Cowbird

Brown-headed Cowbird

Bullock's Oriole

Common Grackle

Eastern Meadowlark

Great-tailed Grackle

Hooded Oriole

Orchard Oriole

Red-winged Blackbird

Rusty Blackbird

Scott's Oriole

Shiny Cowbird

Spot-breasted Oriole

Streak-backed Oriole

Tricolored Blackbird

Western Meadowlark

Yellow-headed Blackbird

Boobies, Gannets, Albatrosses & Other's

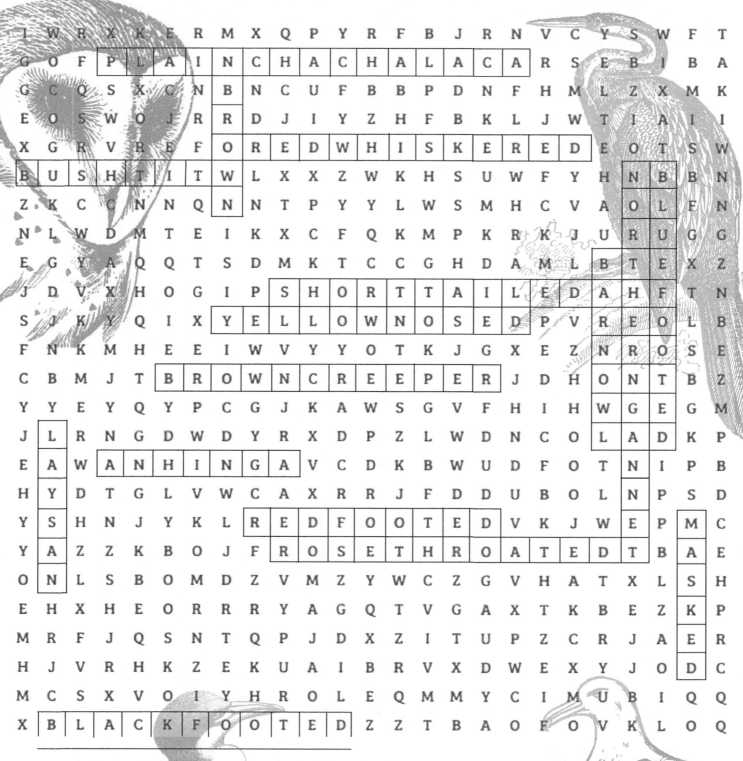

I W R X K E R M X Q P Y R F B J R N V C Y S W F T
G O F P L A I N C H A C H A L A C A R S E B I B A
G C Q S X C N B N C U F B B B P D N F H M L Z X M K
E O S W O J R R D J I Y Z H F B K L J W T I A I I
X G R V R E F O R E D W H I S K E R E D E O T S W
B U S H T I T W L X X Z W K H S U W F Y H N B B N
Z K C C N N Q N N T P Y Y L W S M H C V A O L F N
N L W D M T E I K X C F Q K M P K R K J U R U G G
E G Y A Q Q T S D M K T C C G H D A M L B T E X Z
J D V X H O G I P S H O R T T A I L E D A H F T N
S J K Y Q I X Y E L L O W N O S E D P V R E O L B
F N K M H E E I V V Y Y O T K J G X E Z N R O S E
C B M J T B R O W N C R E E P E R J D H O N T B Z
Y Y E Y Q Y P C G J K A W S G V F H I H W G E G M
J L R N G D W D Y R X D P Z L W D N C O L A D K P
E A W A N H I N G A V C D K B W U D F O T N I P B
H Y D T G L V W C A X R R J F D D U B O L N P S D
Y S H N J Y K L R E D F O O T E D V K J W E P M C
Y A Z Z K B O J F R O S E T H R O A T E D T B A E
O N L S B O M D Z V M Z Y W C Z G V H A T X L S H
E H X H E O R R R Y A G Q T V G A X T K B E Z K P
M R F E J Q S N T Q P J D X Z I T U P Z C R J A E
H J V R H K Z E K U A I B R V X D W E X Y J O D C
M C S X V O I Y H R O L E M M M Y C I M U B I Q Q
X B L A C K F O O T E D Z Z T B A O F O V K L O Q

Blue-footed Booby

Brown Booby

Masked Booby

Red-footed Booby

Northern Gannet

Black-footed Albatross

Laysan Albatross

Short-tailed Albatross

Yellow-nosed Albatross

Anhinga

Barn Owl

Rose-throated Becard

Red-whiskered Bulbul

Bushtit

Plain Chachalaca

Brown Creeper

Cardinals, Grosbeaks & Buntings

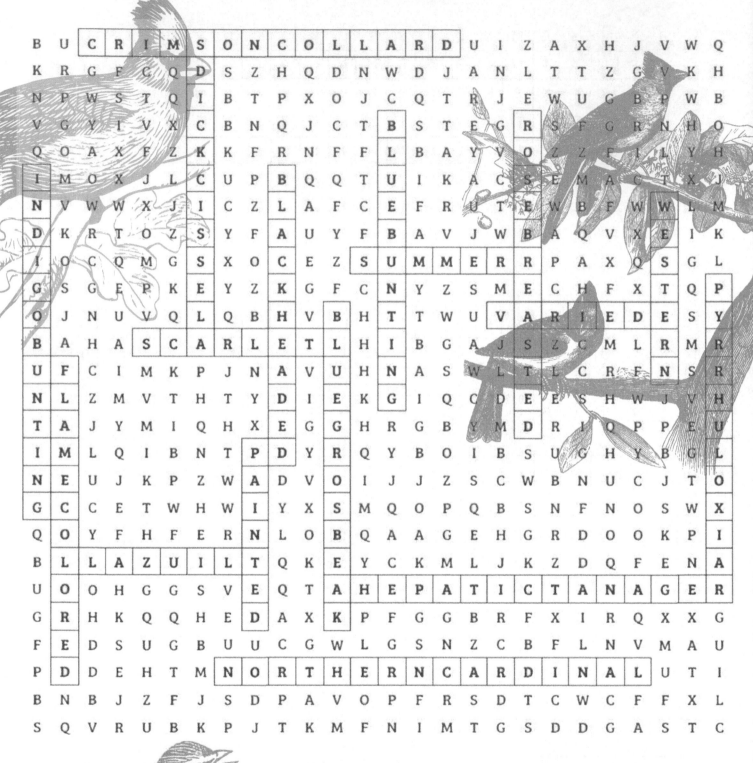

Black-headed Grosbeak
Blue Bunting
Blue Grosbeak
Crimson-collard Grosbeak
Dickcissel

Flame-colored Tanager
Hepatic Tanager
Indigo Bunting
Lazuil Bunting
Northern Cardinal
Western Tanager

Painted Bunting
Pyrrhuloxia
Rose-breasted Grosbeak
Scarlet Tanager
Summer Tanager
Varied Bunting

Chickadees, Titmice & Cormorants

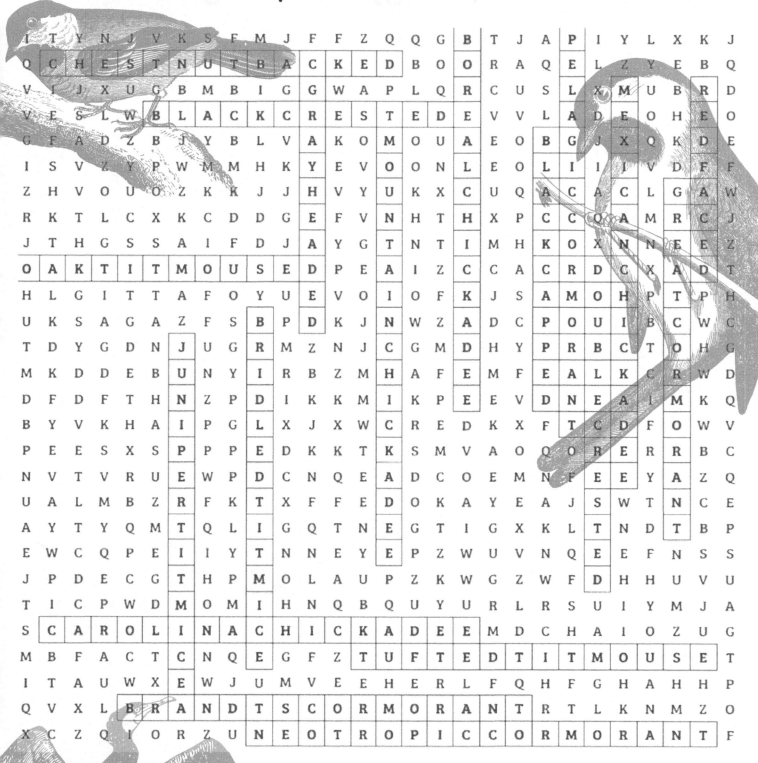

Black-capped Chickadee
Black-crested Titmouse
Boreal Chickadee
Bridled Titmouse
Carolina Titmouse
Chestnut-backed Chickadee

Gray-headed Chickadee
Juniper Titmouse
Mexican Chickadee
Mountain Chickadee
Oak Titmouse
Tufted Titmouse

Brandt's Cormorant
Double-crested Cormorant
Great Cormorant
Neotropic Cormorant
Pelagic Cormorant
Red-faced Cormorant

Crows, Magpies & Jays

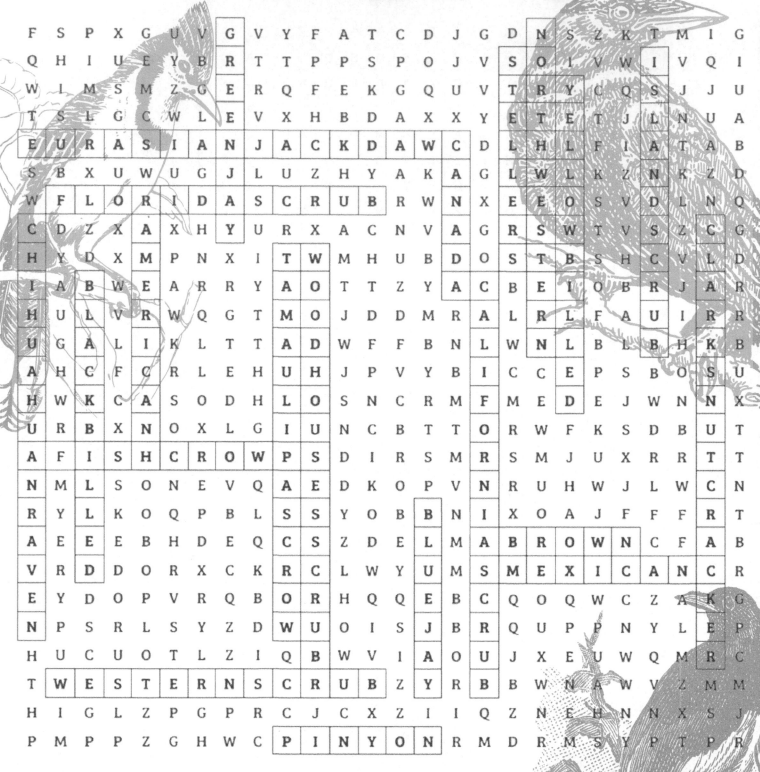

- **American** Crow
- **Black-billed** Magpie
- **Blue Jay**
- **Brown Jay**
- **California Scrub-Jay**
- **Canada** Scrub-Jay
- **Chihuahuan Raven**
- **Clark's Nutcracker**
- **Eurasian Jackdaw**
- **Fish Crow**
- **Florida Scrub**-Jay
- **Green Jay**
- **Island Scrub**-Jay
- **Mexican Jay**
- **Northwestern** Crow
- **Pinyon Jay**
- **Steller's Jay**
- **Tamaulipas Crow**
- **Western Scrub-Jay**
- **Woodhouse's Scrub-Jay**
- **Yellow-billed** Magpie

Cuckoos, Roadrunners, Anis & Falcons

Black-billed Cuckoo
Common Cuckoo
Greater Roadrunner
Groove-billed Ani
Mangrove Cuckoo

Smooth-billed Ani
Yellow-billed Cuckoo
American Kestrel
Aplomado Falcon
Crested Caracara

Eurasian Hobby
Eurasian Kestrel
Gyrfalcon
Merlin
Peregrine Falcon
Prairie Falcon

Ducks & Geese

Word list:

American Black Duck
American Wigeon
Baikal Teal
Barnacle Goose
Barrow's Goldeneye
Black Scoter

Black-billed Whistling-Duck
Blue-winged Teal
Brant
Bufflehead
Trumpeter Swan
Tufted Duck

Cackling Goose
Canada Goose
Canvasback
Cinnamon Teal
Common Eider
Common Goldeneye
Common Merganser

More Ducks & Geese

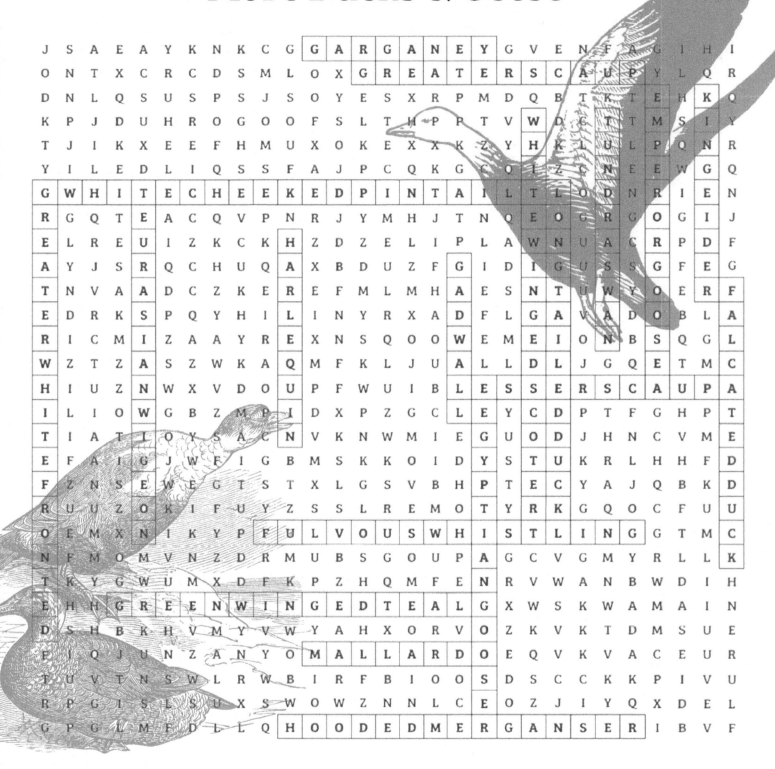

J S A E A Y K N K C G **G A R G A N E Y** G V E N F A G I H I
O N T X C R C D S M L O X **G R E A T E R S C A U P** Y L Q R
D N L Q S U S P S J S O Y E S X R P M D Q B T K T E H K Q
K P J D U H R O G O O F S L T H P P T V W D C T T M S I Y
T J I K X E E F H M U X O K E X X K Z Y H K L U L P Q N R
Y I L E D L I Q S S F A J P C Q K G C Q Z N E E W G Q
G W H I T E C H E E K E D P I N T A I L T L O D N R I E N
R G Q T E A C Q V P N R J Y M H J T N Q E O G R O G I J
E L R E U I Z K C K **H** Z D Z E L I P L A W N U A C R P D F
A Y J S R Q C H U Q **A** X B D U Z F **G** I D I G U S S G F E G
T N V A A D C Z K E R **E** F M L M H **A** E S N T U W Y O E R F
E D R K S P Q Y H I L **I** N Y R X A **D** F L G A V A D O B L A
R I C M I Z A A Y R **E** X N S Q O O **W** E M E I O N B S Q G L
W Z T Z **A** S Z W K A **Q** M F K L J U **A** L L D L J G Q E T M C
H I U Z **N** W X V D O U P F W U I B **L E S S E R S C A U P A**
I L I O W G B Z M P I D X P Z G C L E Y C D P T F G H P T
T I A T L O Y S A C **N** V K N W M I E G U O D J H N C V M E
E F A I G J W F I G B M S K K O I D Y S T U K R L H H F D
F Z N S E W E G T S T X L G S V B H P T E C Y A J Q B K D
R U U Z O K I F U Y Z S S L R E M O T Y R K G Q O C F U U
O E M X N I K Y P **F U L V O U S W H I S T L I N G** G T M C
N F M O M V N Z D R M U B S G O U P **A** G C V G M Y R L L K
T K Y G W U M X D F K P Z H Q M F E N R V W A N B W D I H
E H H **G R E E N W I N G E D T E A L** G X W S K W A M A I N
D S H B K H V M Y V W Y A H X O R V **O** Z K V K T D M S U E
F I Q J U N Z A N Y O **M A L L A R D** E Q V K V A C E U R
T U V T N S W L R W B I R F B I O O S D S C C K K P I V U
R P G I S L S U X S W O W Z N N L C E O Z J I Y Q X D E L
G P G L M F D L L Q **H O O D E D M E R G A N S E R** I B V F

Egyptian Goose
Emperor Goose
Eurasian Wigeon
Tundra Swan
White-cheeked Pintail
Falcated Duck

Fulvous Whistling-Duck
Gadwall
Garganey
Greater Scaup
Greater White-fronted Goose
Green-winged Teal

Harlequin Duck
Hooded Merganser
King Eider
White-winged Scoter
Lesser Scaup
Long-tailed Duck
Mallard

Even More Ducks & Geese

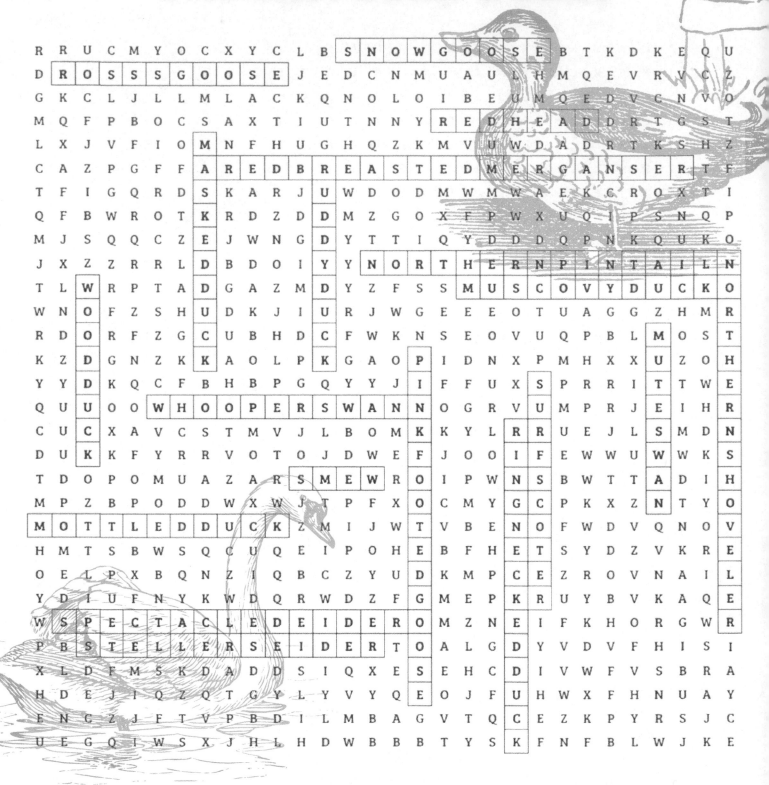

Masked Duck
Mottled Duck
Muscovy Duck
Mute Swan
Northern Pintail
Northern Shoveler

Pink-footed Goose
Whooper Swan
Red-breasted Merganser
Redhead
Ring-necked Duck
Ross's Goose

Ruddy Duck
Smew
Snow Goose
Spectacled Eider
Steller's Eider
Surf Scoter
Wood Duck

Finches

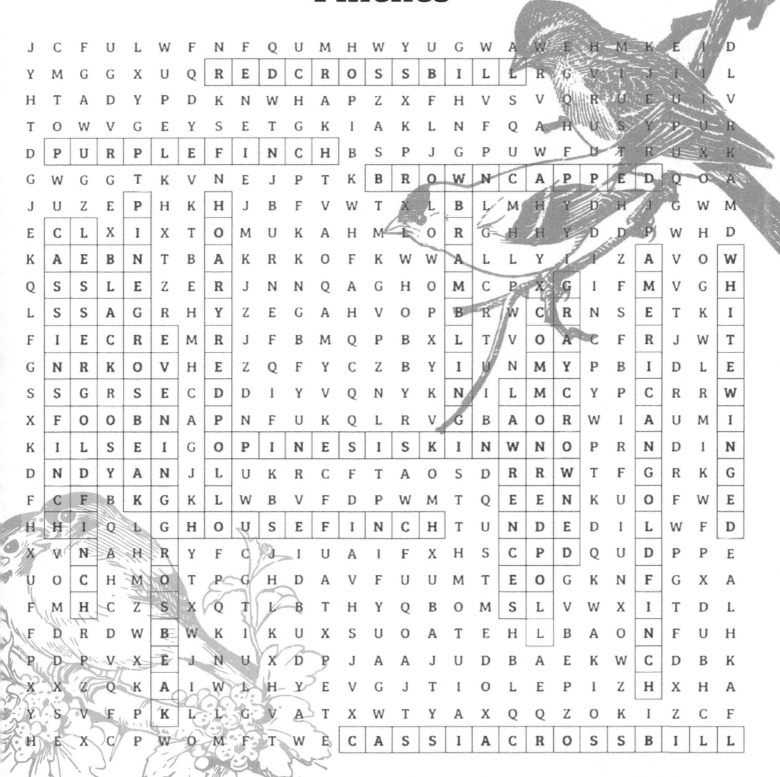

```
J  C  F  U  L  W  F  N  F  Q  U  M  H  W  Y  U  G  W  A  W  E  H  M  K  E  I  D
Y  M  G  G  X  U  Q  R  E  D  C  R  O  S  S  B  I  L  L  R  G  V  I  J  I  L  L
H  T  A  D  Y  P  D  K  N  W  H  A  P  Z  X  F  H  V  S  V  Q  R  U  E  U  T  V
T  O  W  V  G  E  Y  S  E  T  G  K  I  A  K  L  N  F  Q  A  H  U  S  Y  P  U  R
D  P  U  R  P  L  E  F  I  N  C  H  B  S  P  J  G  P  U  W  F  U  T  R  U  X  K
G  W  G  G  T  K  V  N  E  J  P  T  K  B  R  O  W  N  C  A  P  P  E  D  Q  O  A
J  U  Z  E  P  H  K  H  J  B  F  W  T  X  B  L  M  H  Y  D  H  D  Q  W  A  M  M
E  C  L  X  I  X  T  O  M  U  K  A  H  M  L  O  R  G  H  G  D  P  W  H  D
K  A  E  B  N  T  B  A  K  R  K  O  F  K  W  W  A  L  L  Y  I  Z  A  V  O  W
Q  S  S  L  E  Z  E  R  J  N  N  Q  A  G  H  O  M  C  P  X  G  I  F  M  V  G  H
L  S  S  A  G  R  H  Y  Z  E  G  A  H  V  O  P  B  R  W  C  R  N  S  E  T  K  I
F  I  E  C  R  E  M  R  J  F  S  B  M  Q  F  P  B  X  L  T  V  O  A  C  F  R  J  W  T
G  N  R  K  O  V  H  E  Z  Q  F  Y  C  Z  B  Y  I  U  N  M  Y  P  B  I  D  L  E
S  S  G  R  S  E  C  D  D  I  Y  V  Q  N  Y  K  N  I  L  M  C  Y  P  C  R  R  W
X  F  O  O  B  N  A  P  E  N  F  U  K  Q  L  R  V  G  B  A  O  R  W  I  A  U  M  I
K  I  L  S  E  I  G  O  P  I  N  E  S  I  S  K  I  N  W  N  O  P  R  N  D  I  N
D  N  D  Y  A  N  J  L  U  K  R  C  F  T  A  O  S  D  R  R  W  T  F  G  R  K  G
F  C  F  B  K  G  K  L  W  B  V  D  P  W  M  T  Q  E  E  N  K  U  O  F  W  E
H  H  I  Q  L  G  H  O  U  S  E  F  I  N  C  H  T  U  N  D  E  D  I  L  W  F  D
X  V  N  A  H  R  Y  F  C  J  I  U  A  I  F  X  H  S  C  P  D  Q  U  D  P  P  E
U  O  C  H  M  O  T  P  G  H  D  A  V  F  U  U  M  T  E  O  G  K  N  F  G  X  A
F  M  H  C  Z  S  X  Q  T  L  B  T  H  Y  Q  B  O  M  S  L  V  W  X  I  T  D  L
F  D  R  D  W  B  W  K  I  K  U  X  S  U  O  A  T  E  H  L  B  A  O  N  F  U  H
P  D  P  V  X  E  J  N  U  X  D  P  J  A  A  J  U  D  B  A  E  K  W  C  D  B  K
X  X  Z  Q  K  A  I  W  L  H  Y  E  V  G  J  T  I  O  L  E  P  I  Z  H  X  H  A
Y  S  V  F  P  K  L  L  G  V  A  T  X  W  T  Y  A  X  Q  Q  Z  O  K  I  Z  C  F
H  E  X  C  P  W  O  M  F  T  W  E  C  A  S  S  I  A  C  R  O  S  S  B  I  L  L
```

American Goldfinch	**Common Redpoll**	**Lesser Goldfinch**
Black Rosy-Finch	**Evening Grosbeak**	**Pine Grosbeak**
Brambling	**Gray-crowned** Rosy-Finch	**Pine Siskin**
Brown-capped Rosy-Finch	**Hoary Redpoll**	**Purple Finch**
Cassia Crossbill	**House Finch**	**Red crossbill**
Cassin's Finch	**Lawrence's** Goldfinch	**White-winged** Crossbill

Plovers, Ospreys & Oystercatchers

American Golden-Plover
Black-bellied Plover
Common Ringed Plover
Eurasian Dotterel
European Golden-Plover
Killdeer

Lesser Sand-Plover
Mountain Plover
Northern Lapwing
Pacific Golden-Plover
Piping Plover

Semipalmated Plover
Snowy Plover
Wilson's Plover
Osprey
American Oystercatcher
Black Oystercatcher

Rails, Gallinules, Coots & Swallows

G Q C O R W A O B T X E T A L Y **Y** D P J L X A H H H I I T S
A R L C S F R E G D J T I S M E **E** O P M Z Z V V R E X A J I
J K K C P L K J C M C Y S E D L **L** V R S S P T U R Y L G Z L
K J L V E T R Y C E Y T X L Y L **L** B G X X Y U Q Y D Z B X K
P F H I J R B I I I I V Y Q J E **O** B L B Q B L P D Z E Z U Y
U I O S S V V Q T A R X N F T W **W** Q **B A R N S W A L L O W** Y
C T I F Q M B B H Y S O N N E R **R** H I K P P W V S A J R K W
Q F Z Z R W T S D I G Q W V D A **A** K U J Z K P W K B M Y G C
W V G O F H L Y E S N O U K A I F Z **T R E E S W A L L O W**
L F O N H M U C T Q A F E H **B L A C K R A I** I R N N Z A R
B X W C **P U R P L E G A L L I N U L E** T X O V I O G N E M
O T K **A** R V Q **C A V E S W A L L O W** Z J Y Y Q U R Y S U A
W R Z **M** Z D F Y M Q M H O G I Y N S P H D J H V T C O H C
O L V **E** P M P W G E F N V I H P H Q H K V V **V** Y H F J G O
M Z **R** R R P R P X **S O R A** Q S F W Z S S V B I R E I P Y M
W U **I** I A M X A B V J P H H D L R W F U G G **R** Z R V X P M
E J **D** C T R O M M **C L I F F S W A L L O W** F G R N Q O W O
A M **G** A B U J Z K B I K K B H T I D S P C I I U R M B O N
B K **W** N S **K** B W M E N S J X K H X T N W L Z N D O P C O G
X G **A** C C **I** F P Y E Z F Y N I Z D R B M A S I W U K S Y A
L W **Y** O A **N** P P **U R P L E M A R T I N** L P F A F G S Z P L
C Q **S** O D **G** B A N K S W A L L O W V B D P L R A H Z H I L
V S **R** T J **R** T L K G N **V I O L E T G R E E N** A W J E Y I
S Y **A** J V **A** T P B K B G G Z V A G Y W O R O I C I G W I N
S Q **I** N T **I** U Q G L U L D Z K V W F Z Y R E L I N P A I U
S A **L** M O **L** T F J L P A Y D H K O I X V A J E W G T B V L
Z T Y N U L A P K J P M C A E J A M G T I G I W E C K Y E
N A T H W X W E P N A W H B Z S M L J L U G Z D I N C P
O K W W I B M F I W B G Q Q B Q U E K T Z N B A P I P R D

American Coot	**Ridgway's Rail**	**Cave Swallow**
Black Rail	**Sora**	**Cliff Swallow**
Clapper Rail	**Virginia Rail**	**Northern Rough-winged** Swallow
Common Gallinule	**Yellow Rail**	**Purple Martin**
King Rail	**Bank Swallow**	**Tree Swallow**
Purple Gallinule	**Barn Swallow**	**Violet-green Swallow**

Sandpipers

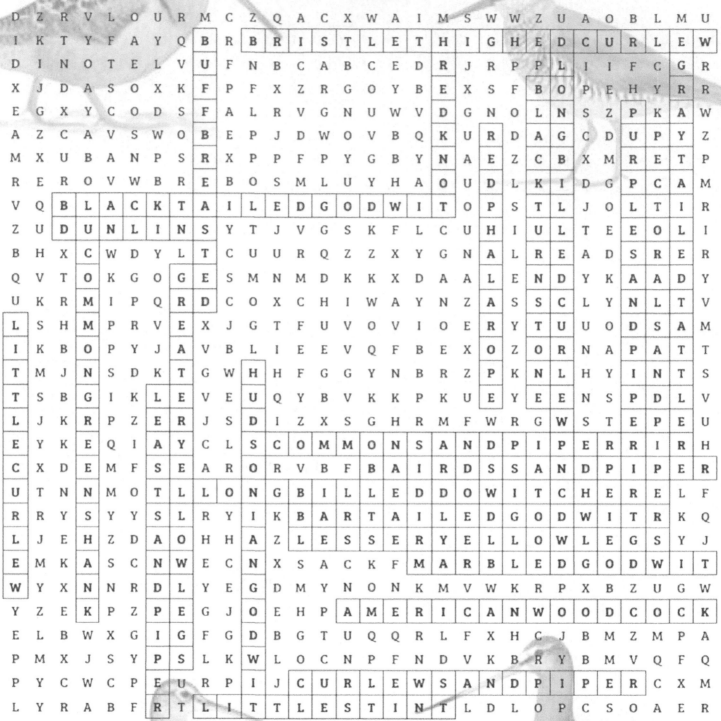

D Z R V L O U R M C Z Q A C X W A I M S W W Z U A O B L M U
I K T Y F A Y Q B R B R I S T L E T H I G H E D C U R L E W
D I N O T E L V U F N B C A B C D E R J R P P L I I F C G R
X J D A S O X K F P F X Z R G O Y B E X S F B O P E H Y R R
E G X Y C O D S F A L R V G N U W D G N O L N S Z P K A W
A Z C A V S W O B E P J D W O V B Q K U R D A G C D U P Y Z
M X U B A N P S R X P P F P Y G B Y N A E Z C B X M R E T P
R E R O V W B R E B O S M L U Y H A O U D L K I D G P C A M
V Q B L A C K T A I L E D G O D W I T O P S T L J O L T I R
Z U D U N L I N S Y T J V G S K F L C U H I U L T E E O L I
B H X C W D Y L T C U U R Q Z Z X Y G N A L R E A D S R E R
Q V T O K G O G E S M N M D K K X D A A L E N D Y K A A D Y
U K R M I P Q R D C O X C H I W A Y N Z A S S C L Y N L T V
L S H M P R V E X J G T F U V O V I O E R Y T U U O D S A M
I K B O P Y J A V B L I E E V Q F B E X O Z O R N A P A T T
T M J N S D K T G W H H F G G Y N B R Z P K N L H Y I N T S
T S B G I K L E V E U Q Y B V K K P K U E Y E E N S P D L V
L J K R P Z E R J S D I Z X S G H R M F W R G W S T E P E U
E Y K E Q I A Y C L S C O M M O N S A N D P I P E R R I R H
C X D E M F S E A R O R V B F B A I R D S S A N D P I P E R
U T N N M O T L L O N G B I L L E D D O W I T C H E R E L F
R R Y S Y Y S L R Y I K B A R T A I L E D G O D W I T R K Q
L J E H Z D A O H H A Z L E S S E R Y E L L O W L E G S Y J
E M K A S C N W E C N X S A C K F M A R B L E D G O D W I T
W Y X N N R D L Y E G D M Y N O N K M V W K R P X B Z U G W
Y Z E K P Z P E G J O E H P A M E R I C A N W O O D C O C K
E L B W X G I G F G D B G T U Q Q R L F X H C J B M Z M P A
P M X J S Y P S L K W L O C N P F N D V K B R Y B M V Q F Q
P Y C W C P E U R P I J C U R L E W S A N D P I P E R C X M
L Y R A B F R T L I T T L E S T I N T L D L O P C S O A E R

American Woodcock	**Common Sandpiper**	**Little Curlew**
Baird's Sandpiper	**Curlew Sandpiper**	**Little Stint**
Bar-tailed Godwit	**Dunlin**	**Long-billed Curlew**
Black Turnstone	**Gray-tailed Tattler**	**Long-billed Dowitcher**
Black-tailed Godwit	**Greater Yellowlegs**	**Marbled Godwit**
Bristle-thighed Curlew	**Hudsonian Godwit**	**Pectoral Sandpiper**
Buff-breasted Sandpiper	**Least Sandpiper**	**Purple Sandpiper**
Common Greenshank	**Lesser Yellowlegs**	**Red Knot**
		Red Phalarope

More Sandpipers

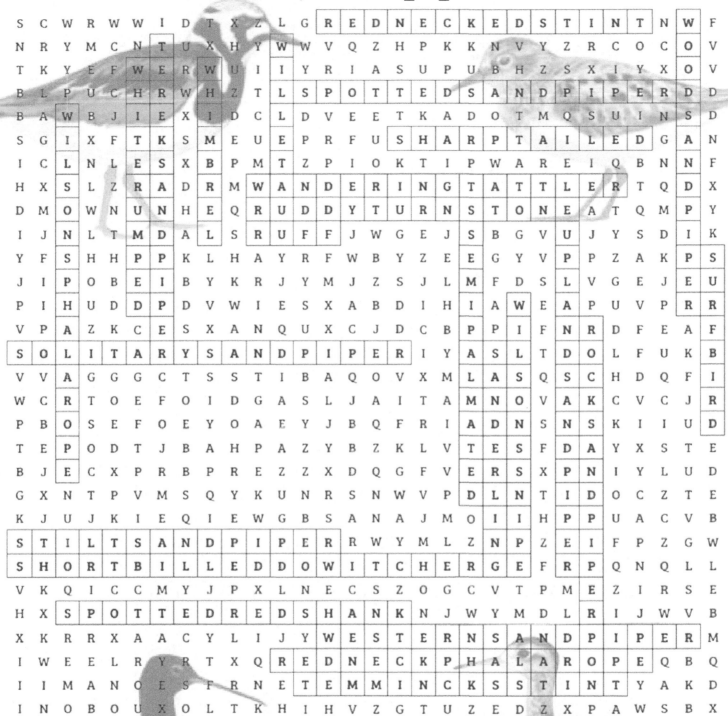

S C W R W W I D T X Z L G R E D N E C K E D S T I N T N W F
N R Y M C N T U X H Y W V V Q Z H P K K N V Y Z R C O C O V
T K Y E F W E R W U I I Y R I A S U P U B H Z S X I Y X O V
B L P U C H R W H Z T L S P O T T E D S A N D P I P E R D D
B A W B J I E X I D C L D V E E T K A D O T M Q S U I N S D
S G I X F T K S M E U E P R F U S H A R P T A I L E D G A N
I C L N L E S X B P M T Z P I O K T I P W A R E I Q B N N F
H X S L Z R A D R M W A N D E R I N G T A T T L E R T Q D X
D M O W N U N H E Q R U D D Y T U R N S T O N E A T Q M P Y
I J N L T M D A L S R U F F J W G E J S B G V U J Y S D I K
Y F S H H P P K L H A Y R F W B Y Z E E E G Y V P P Z A K P S
J I P O B E I B Y K R J Y M J Z S J L M F D S L V G E J E U
P I H U D D P D V W I E S X A B D I H I A W E A P U V P R R
V P A Z K C E S X A N Q U X C J D C B P P I F N R D F E A F
S O L I T A R Y S A N D P I P E R I Y A S L T D O L F U K B
V V A G G G C T S S T I B A Q O V X M L A S Q S C H D Q F I
W C R T O E F O I D G A S L J A I T A M N O V A K C V C J R
P B O S E F O E Y O A E Y J B Q F R I A D N S N S K I I U D
T E P O D T J B A H P A Z Y B Z K L V T E S F D A Y X S T E
B J E C X P R B P R E Z Z X D Q G F V E R S X P N I Y L U D
G X N T P V M S Q Y K U N R S N W V P D L N T I D O C Z T E
K J U J K I E Q I E W G B S A N A J M O I I H P P U A C V B
S T I L T S A N D P I P E R R W Y M L Z N P Z E I F P Z G W
S H O R T B I L L E D D O W I T C H E R G E F R P Q N Q L L
V K Q I C C M Y J P X L N E C S Z O G C V T P M E Z I R S E
H X S P O T T E D R E D S H A N K N J W Y M D L R I J W V B
X K R R X A A C Y L I J J W E S T E R N S A N D P I P E R M
I W E E L R Y R T X Q R E D N E C K P H A L A R O P E Q B Q
I I M A N O E S F R N E T E M M I N C K S S T I N T Y A K D
I N O B O U X O L T K H I H V Z G T U Z E D Z X P A W S B X

Red-neck Phalarope
Red-necked Stint
Rock Sandpiper
Ruddy Turnstone
Ruff
Sanderling
Semipalmated Sandpiper
Sharp-tailed Sandpiper

Short-billed Dowitcher
Solitary Sandpiper
Spotted Redshank
Spotted Sandpiper
Stilt Sandpiper
Surfbird
Temminck's Stint
Terek Sandpiper

Upland Sandpiper
Wandering Tattler
Western Sandpiper
Whimbrel
White-rumped Sandpiper
Willet
Wilson's Phalarope
Wilson's Snipe
Wood Sandpiper

Shearwaters & Petrels

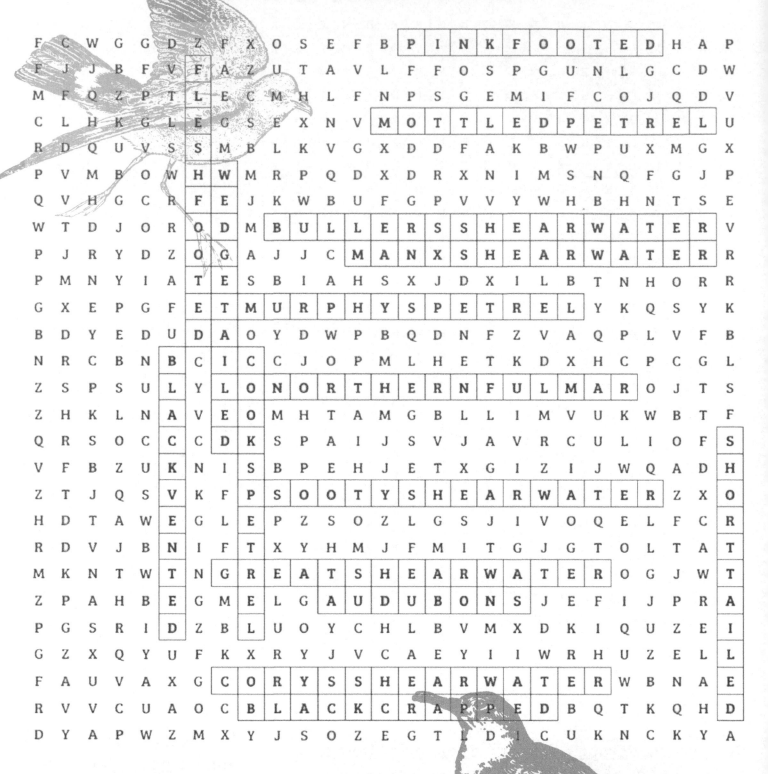

Word List:

Audubon's Shearwater
Black-crapped Petrel
Black-vented Shearwater
Buller's Shearwater
Cook's Petrel

Cory's Shearwater
Flesh-footed Shearwater
Great Shearwater
Manx Shearwater
Mottled Petrel

Murphy's Petrel
Northern Fulmar
Pink-footed Shearwater
Short-tailed Shearwater
Sooty Shearwater
Wedge-tailed Shearwater

Thrushes

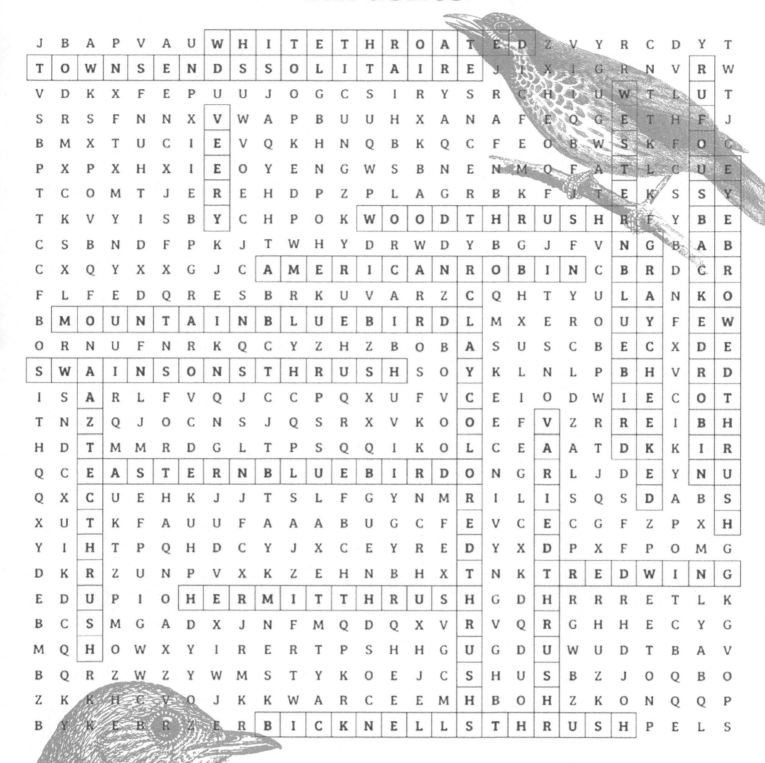

American Robin
Aztec Thrush
Bicknell's Thrush
Clay-colored Thrush
Eastern Bluebird
Eyebrowed Thrush

Gray-cheeked Thrush
Hermit Thrush
Mountain Bluebird
Redwing
Rufous-backed Robin
Swainson's Thrush

Townsend's Solitaire
Varied Thrush
Veery
Western Bluebird
White-throated Thrush
Wood Thrush

Tyrant Flycatcher

S W U C I L B J **A L D E R F L Y C A T C H E R** X Y
P P C Q S D S S F L Q R C O A B S A E A Q U O C I
K B P **B** J **H** X T Q **B** T S W Z **D U S K Y C A P P E D**
A H Z **R E A** U M I L N B O A F Q M K N O R A A L H
Y S J **O C M G R E A T K I S K A D E** E H S U C Y F
D I T **W B M** Q Q V **C** E H O P Q O E I K R S P A F S
J Z V **N M O** U U R **K** Q I W Q I O K L V D F D F I
P K K **C L N** T W K **P** E T O Q G O D X E U F A I W E
T **G E R E D G** V R **H** U U F O B **Z** E I Z X A F V
Q **R A E Y S R E** C O U C H S K I N G B I R D N O B
O **E S S C I A** U J E **C A S S I N S K I N G B I R D**
G **A T T U N Y** X G **B** C **B** P P Q C K J U L E G J **K** Y
Y **T E E B** W F V **R E** C U L O Q J J A M F X R V **T** T
Y **C R D A A L G E** M I **F** V X C J V O V P D G **A** H
F **R N D N U Y R A** G **A F** A I G C J C T D I G N **I** K
Q **E K N P L C A T** B **S B** E T L Q G N N Q L Q Z **L** U
F **S I Y E M A Y P A H R** M B L W I I K G R Z X **E** G
Z **T N B W L T K E** C T E C H B C R H O E R U Y **D** F
I **E G K E T C I W** R H A H I N N W H Q M F M S N K
I **D B A E E H N E** P R **S E A S T E R N P H O E B E**
K **X I D P T E G E** J O **T** H L D I R I W X U D K D B
U **A R W R O R B** F X A **E** A F B F B P D B Y J B S Z
I I **D C Y C B I** G M **T D** S O **C O R D I L L E R A N**
W A **E H Z S T R** C T **E** T Y X X L T D J K G O A T N
I F P W A K A **D** X D **D U S K Y F L Y C A T C H E R**

<u>**Acadian**</u> Flycatcher	<u>**Cordilleran**</u> Flycatcher	<u>**Fork-tailed**</u> Flycatcher
<u>**Alder Flycatcher**</u>	<u>**Couch's Kingbird**</u>	<u>**Gray Flycatcher**</u>
<u>**Ash-throated**</u> Flycatcher	<u>**Cuban Pewee**</u>	<u>**Gray Kingbird**</u>
<u>**Black Phoebe**</u>	<u>**Dusky Flycatcher**</u>	<u>**Great Crested**</u> Flycatcher
<u>**Brown-crested**</u> Flycatcher	<u>**Dusky-capped**</u> Flycatcher	<u>**Great Kiskadee**</u>
<u>**Buff-breasted**</u> Flycatcher	<u>**Eastern Kingbird**</u>	<u>**Great Pewee**</u>
<u>**Cassin's Kingbird**</u>	<u>**Eastern Phoebe**</u>	<u>**Hammond's**</u> Flycatcher

More Tyrant Flycatcher

La Sagra's Flycatcher
Least Flycatcher
Loggerhead Kingbird
Northern Beardless-Tyrannulet
Nutting's Flycatcher
Olive-sided Flycatcher
Pacific-slope Flycatcher

Piratic Flycatcher
Say's Phoebe
Scissor-tailed Flycatcher
Sulphur-bellied Flycatcher
Thick-billed Kingbird
Tropical Kingbird
Tufted Flycatcher

Variegated Flycatcher
Vermilion Flycatcher
Western Kingbird
Western Wood-Pewee
Willow Flycatcher
Yellow-bellied Flycatcher

Vireos

B	L	U	E	H	E	A	D	E	D	P	W	J	M	V	R	A	R	X	R	O	Y	O	W	S
N	L	B	I	G	J	C	O	T	Q	A	A	A	O	G	Y	X	G	E	R	B	Z	R	C	D
X	R	I	U	V	N	L	E	J	W	C	R	H	J	F	E	H	D	V	C	P	V	H	G	W
J	R	X	X	O	C	C	U	R	B	C	B	Y	C	T	O	E	A	S	I	N	B	A	S	
D	G	X	R	R	L	E	U	P	R	Q	L	F	C	U	A	T	Y	N	U	H	H	L	A	B
R	Q	G	R	A	Y	V	I	R	E	O	I	A	K	Q	G	W	E	O	B	X	E	A	X	X
T	H	I	C	K	B	I	L	L	E	D	N	W	T	E	J	C	D	C	H	R	P	C	C	T
H	T	H	X	D	P	I	O	L	Y	J	G	B	Z	F	I	P	V	B	O	K	R	K	H	E
O	V	E	S	X	I	U	J	O	F	C	H	V	B	Z	I	R	I	L	N	K	U	W	H	C
W	S	R	F	Z	J	S	Z	J	C	Z	H	H	R	F	T	L	R	A	F	B	S	H	A	G
H	V	J	H	U	T	T	O	N	S	V	I	R	E	O	B	F	E	C	X	T	Y	I	H	A
Q	I	Q	I	J	F	K	Y	F	W	D	U	M	Y	Z	E	U	O	K	X	J	X	S	Z	W
P	R	D	H	V	Q	J	E	S	G	Q	N	G	E	R	W	X	T	C	N	V	Y	K	U	C
H	E	L	P	S	W	N	L	W	I	I	M	A	L	R	G	C	X	A	O	V	X	E	F	C
I	O	R	L	A	M	Q	L	U	B	V	E	X	L	J	B	I	G	P	V	J	I	R	P	P
L	G	Y	U	N	K	W	O	I	U	X	W	G	O	V	E	M	K	P	G	Q	L	E	W	Q
A	O	H	M	I	T	O	W	C	W	S	L	M	W	K	L	H	G	E	S	X	F	D	H	T
D	R	B	B	L	Q	N	G	V	L	P	F	K	T	W	L	T	Q	D	X	R	C	P	S	F
E	R	S	E	A	K	M	R	S	N	C	W	K	H	P	S	W	H	I	T	E	E	Y	E	D
L	A	Y	O	Z	R	Z	E	O	K	Y	T	L	R	V	M	O	N	X	Y	K	Z	L	C	
P	N	G	U	Z	H	K	E	O	H	A	U	C	O	U	I	G	T	N	E	Z	V	M	W	M
H	E	J	S	S	V	Z	N	X	D	X	S	W	A	Z	R	X	Y	H	Z	M	L	J	K	T
I	G	E	Q	Q	F	A	T	U	A	G	M	N	T	Q	E	U	C	M	J	Z	M	K	G	N
A	R	Y	N	A	M	S	F	C	K	Q	E	A	E	E	O	X	G	X	M	A	P	Q	B	W
C	A	S	S	I	N	S	V	I	R	E	O	X	D	K	Y	T	P	Y	H	B	Y	R	N	N

Bell's Vireo

Black-capped Vireo

Black-whiskered Vireo

Blue-headed Vireo

Cassin's Vireo

Gray Vireo

Hutton's Vireo

Philadelphia Vireo

Plumbeous Vireo

Red-eyed Vireo

Thick-billed Vireo

Vireo Gorra Negra

Warbling Vireo

White-eyed Vireo

Yellow-Green Vireo

Yellow-throated Vireo

More Random Bird's

```
P Z V Q O J A C G A W R L Y F D U B G K Y L L Q M G Z S
D D P A G H H S H W T T L F W H I T E W A G T A I L F D
R B P A R A S I T I C J A E G E R F O R G G E Y W A J C
Z G B G X K A A O M U P D V P O Z V K G F L S T K M B U
B U B D E O P Z I X T C O A Z Y X O J Z C S G W G M W L
H Q S X A N O D A R S G I R Y J R L O K U X N C C K P Y
U N O C S O M Q O G F H H I P S Q V R J S N S Q C B W G
K L G V T R A F L P X B R O W N S H R I K E L B Z J G I
C O H N E T R I I H A X G L J L O N G T A I L E D W R W
I G G C R H I N V A V B F T P E C H O R A P I P I T E Z
W G T Q N E N Z E I B R I R O Y R L P D C G M U O S A V
E E S K Y R E Y B N G S I E W K B F S O M P P T U F T Q
Q R A B E N J W A O U D N N O L X N X N M R X L R A S W
V H M W L S A V C P W C I L A W V X T D F W U N Q X K T
N E E C L H E D K E H I D H Q R X H Q O P Q D Z T X U O
I A R K O R G N E P I X W Q A C B R O W N P E L I C A N
K D I X W I E Y D L T S O U T H P O L A R A F U D C D N
T X C A Z K R V E A E A C X K H D B P Q U M X Z X E E O
B U A B E E K K Z F F P R Q S F W S P M G R B J C I H X
P P N R E D T H R O A T E D G X G N Q O U G D E M N S Q
Q O W L L L D G L W C P R D K D L H C D M W X O C T I P
G T H T F D N A J J E W P W Z W U S P R A G U E S T A A H
Q S I G R I H N G P D A I C X A M E R I C A N P I P I T
U Y T D X G F Y F J F T I C K W Z B Q S N Z X N C K S A
J B E Y S H O Q B J G P I E J B U D J Y C M V O F V Z
H R C W I L S O N S S T O R M P E T R E L R V E G C T P
D V P F Z E V X F R V D H S K N D R O N X F H U O N P J
R H O Z O L U L L L R E E O R K S O X A P A R B R J I
```

American Pipit
Eastern Yellow Wagtail
Olive-backed Pipit
Pechora Pipit
Red-throated Pipit
Sprague's Pipit
White Wagtail

American White Pelican
Brown Pelican
Brown Shrike
Loggerhead Shrike
Northern Shrike
Phainopepla
Great Skua

Long-tailed Jaeger
Parasitic Jaeger
Pomarine Jaeger
South Polar Jaeger
White-faced Storm-Petrel
Wilson's Storm-Petrel

Wood Warblers

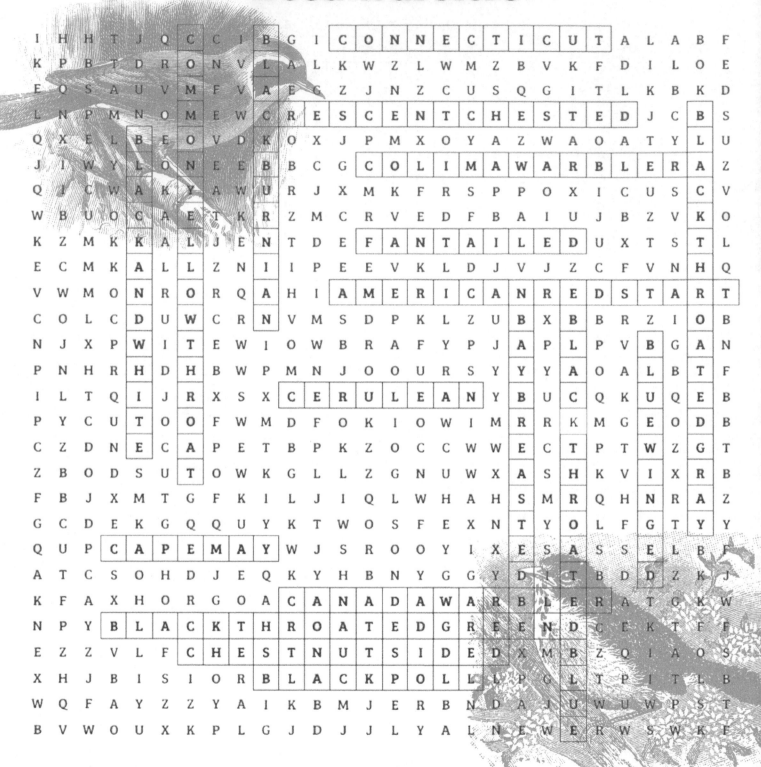

American Redstart
Bay-breasted Warbler
Black-and-white Warbler
Black-throated Blue Warbler
Black-throated Gray Warbler
Black-throated Green Warbler

Blackburnian Warbler
Blackpoll Warbler
Blue-winged Warbler
Canada Warbler
Cape May Warbler
Cerulean Warbler

Chestnut-sided Warbler
Colima Warbler
Common Yellowthroat
Connecticut Warbler
Crescent-chested Warbler
Fan-tailed Warbler

More Wood warblers

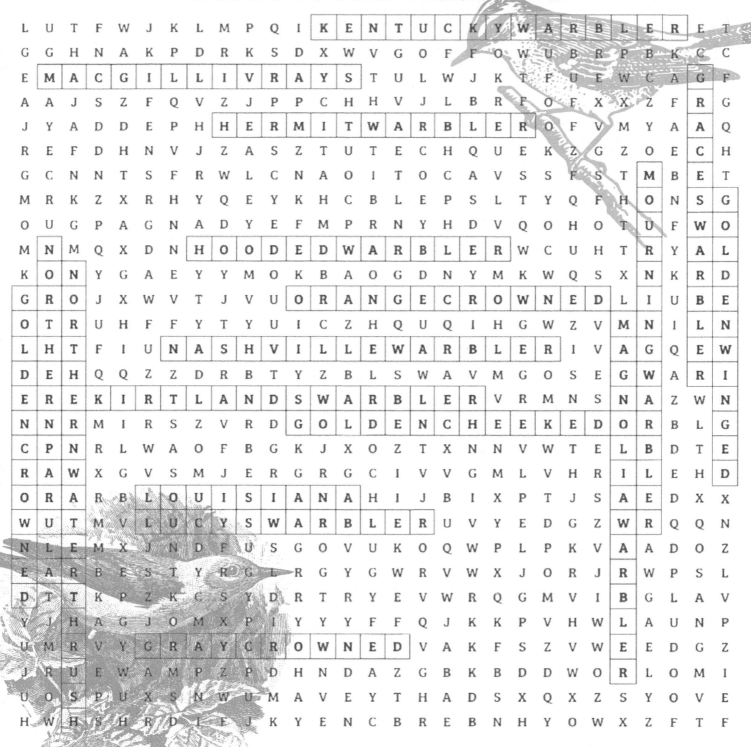

Golden-cheeked Warbler

Golden-crowned Warbler

Golden-winged Warbler

Grace's Warbler

Gray-crowned Yellowthroat

Hermit Warbler

Hooded Warbler

Kentucky Warbler

Kirtland's Warbler

Louisiana Warbler

Lucy's Warbler

MacGillivray's Warbler

Magnolia Warbler

Mourning Warbler

Nashville Warbler

Northern Parula

Northern Waterthrush

Orange-crowned Warbler

Even More Wood warblers

Word bank:

Ovenbird
Painted Redstart
Palm Warbler
Pine Warbler
Prairie Warbler
Prothonotary Warbler

Red-faced Warbler
Rufous-capped Warbler
Slate-throated Redstart
Swainson's Warbler
Tennessee Warbler
Townsend's Warbler

Tropical Parula
Virginia's Warbler
Wilson's Warbler
Worm-eating Warbler
Yellow warbler
Yellow-rumped Warbler
Yellow-throated Warbler

Wrens, Starlings, Mynas & More

Word list:

Bewick's Wren
Cactus Wren
Canyon Wren
Carolina Wren
House Wren
Marsh Wren

Pacific Wren
Rock Wren
Sedge Wren
Winter Wren
Western Spindalis
Common Myna

Crested Myna
European Starling
American Avocet
black-necked Stilt
Jabiru
Wood Stork

A lot of Different Birds

Black Swift

Chimney Swift

Vaux's Swift

White-collared Swift

White-throated Swift

Wrentit

Bananaquit

Morelet's Seedeater

Eared Quetzal

Elegant Trogon

Red-billed Tropicbird

Red-tailed Tropicbird

White-tailed Tropicbird

Verdin

Scaly-breasted Munia

Bohemian Waxwing

Cedar Waxwing

Yellow-breasted Chat

Woodpeckers

A word search grid containing the following words to find:

Acorn Woodpecker
American three toed Woodpecker
Arizona Woodpecker
Black-backed Woodpecker
Downy Woodpecker
Gila Woodpecker
Gilded Flicker

Golden-fronted Woodpecker
Hairy Woodpecker
Ladder-backed Woodpecker
Lewis's Woodpecker
Northern Flicker
Nuttall's Woodpecker
Pileated Woodpecker

Red-billed Woodpecker
Red-breasted Woodpecker
Red-cockaded Woodpecker
Red-headed Woodpecker
Red-naped Sapsucker
White-headed Woodpecker
Williamson's Sapsucker
Yellowbellied Sapsucker

Chickens

```
R H O D E I S L A N D R E D H V U L W Q R I S M F
Y F R W B T F S G A R A U C A N A O H F P C N A U
S A G H A A M X J Y C P U B A R N E V E L D E R P
K V M N H U L K J J M O G K Y Y X B T G M W K A Z
O E K T L S B N E I D L O T P A N Y Y U T T R N N
W R X A W T P T R L D I Z Z K L P I C W I M J S E
T O C K Q R K H S H K S C H J M X A Z S A L R J J
Z L T L I A T L E W K H G X V Q F J L S M V Q W O
J L D X S L N W Y W Y A N D O T T E I D E I F U I
U E L I O F X G O N E W H A M P S H I R E R E D
W S A S J R U S I R R G P H H L K C E L A S R W C
Y X R A D P Q I A P Y L L P T H N O Z B U U H G G
A X Z X B L S L N I J L Y N D H S C W U C N Y I I
B S I K T H U K T N U D M S S U N H E W A C T V K
B R K I E A L I N G K Y O E I I V I L B N O U K M
R Y B P W X T E Q T H D U B N F O N S Y A R Q Q Q
M K R B K R A O D O Z M T R M V L T U E N N J Z C
L L A X E N N G L N B B H I A P E A M A W I L K I
U C H B H A M B U R G P R G H G L M S P S D J Z
S K M X Y S U S S E X B O H N A H E E T W H P S Z
J Q A V W G Y B C I Q Y C T Z E O O R E V R S M S
T J Y F E S W G V T E H K P G K R T R R N A X A Z
X Q A C R F N R F S E B W I I J N E W E S C W W K
V Z E S J Y C A G J Z L V X U B E P P G A R N G Z
I Q I G X O N G N A Q L Z Z W Q Y N I G J D R H K
```

Plymouth rock
Orpington
Australorp
Brahma
Rhode Island Red
Silkie
Leghorn
Wyandotte

Cochin
Sussex
Polish
Jersey Giant
Ameraucana
New Hampshire Red
Araucana
Barnevelder

Cornish
Marans
Sebright
Faverolles
Hamburg
Welsummer
Sultan
Easter Egg

Penguins

```
H B S K Y S M P S P H I U A M A B Z T J B A S T H G M L
X N O O E V A P V X R C H E P A V U E G C C Y L Q X A M
D K U F L T M S J H S X Z X L X G X D P H P A G C B T J
E S T U L H U M B O L D T P E N G U I N Q Z F Q C E J D
V S H Z O J J T J J O T E G W R E T C E S C R P Y H Q X
Z A E K W T K D T M J P N M H G L F F H S C I M R B L O
P S R G E N T O O P E N G U I N R S E V G Y C K E Q I E
H X N M Y S Q T F U L T Q M G L I M Q D R I A J J H T O
W I R Z E J J N O N B I N Z A P H H S D R H N D T G T G
F W O K D C Z C E A S T E R N R O C K H O P P E R A L W
R G C K U Q A H C E V F I O R D L A N D Y D E W Y L E M
L C K I G K D I E R R K H G D V I R C K A M N S A A P A
Y V H A D C E N Y E I I Y U X Y W G Y S L X G X V P E C
O I O Z V B L S B C Y N F T M H S B G Z P I U O V A N B
S V P B Z R I T M T U G I R A F J Z L I E J I O R G G P
G A P I Q G E R K C P P D H X W Y P M Y N X N K V O U C
A L E H Y Z P A T R Q E J L O B O Z A H G Z K O Q S I J
G W R M J F E P M E N N V U W X K H G X U Y F S G P N P
M A C A R O N I E S D G B M R L Y P E N I C G K T O H C
M L S M Q I G N K T O U G H W J X G L X N S O Y D V L V
V O Y O A B U V V E X I A U S T R A L I A N L I T T L E
L D O O D P I G K D H N K U Z E T H A W J G W L Y U Z V
E Q H T T Y N A Y L M Y P E Y X G R N H J F Z A K F C K
N O R T H E R N R O C K H O P P E R I E I Q H D E E O Y
H G A S B K U B G K H S H C V D W R C Y T J I E O K B F
U X Y L K O U D J F F E M P E R O R P E N G U I N U Q P
X V P U D I T Z M E O D Z I O R M I Z Q N J Z W M P E V
O I O C T G J Z N J S N A R E S P E N G U I N G S Z V E
```

Emperor Penguin
Gentoo Penguin
Adelie Penguin
Chinstrap Penguin
King Penguin
Southern Rockhopper Penguin
Little Penguin

Macaroni Penguin
Magellanic Penguin
Galapagos Penguin
African Penguin
Yellow-eyed Penguin
Fiordland Penguin
Humboldt Penguin

Royal Penguin
Erect-crested Penguin
Snares Penguin
Northern Rockhopper Penguin
Eastern Rockhopper Penguin
Australian Little Penguin

Bats

N N K X O O Z W B M Q S X V N B G F I H N W K K F R T T G L X
Y T J X E Y N Q Q P D S P R A Z E P E D J L O N R N H O B H Z
C D O X V U Y U I D P Q P S V Q R U F B N P K S B J T Q E
U E P B P K L W O L O O C M N T A Y Z B F B J P P A W H N O G
A S A B H E L I B C F T D K F M D U W O V D G R R H M H K O D
I E L B O I X M Z P J T C X M Q N Z M A C X G P C B G B P I
I R L I O I X I F D E E X G E U N Y R S S Q N I B S J B R R A
M T I V J V X Y W T W D V Q C B I Q G C B C Y W Z L Q L V P M
I L D T T K A I G U M C F F J X X R O E Q T Z C P D K X E
V O B G U J E E F F U B Q S E O Q P E V S X C F T G Q G G O X
R N A D F S B J A B K W A I L X Q V Y K L C U J I Y D Z W M I
Y G T R B R O W N L O N G E A R E D H W K Z Y D C E p a u L Y T G C
I E P E T E R S D W A R F E P A U L E T T E D Y A V X S T M A
Q A J J J G S C D T K Y F N C Y A Y A A Y R H O N L I Q V T O N
B R R Q Y H K T H S Q O L G N Y C R D X L B B V I F E M Q H F
Z E C X C A N Y O N B A T U G B F S E W P L M J F B F B F V Q R E
H D N C I T P Z J W S A F N R I F Y D B R X V V O F Q N Z A E
Z Z W R M Q Q N T Q R U Y C E G W U F S F T H V R I K U G J E
Q B N K T P Z D O H B U U N A B U T L S G Y O K N V V Y R H T
U I V L M V U K B Q Z M X S T R Q Z Y B Z N A I I X I M V B A
D M A R I A N A F R U I T O F O Y F I B V X R F A F F W M S I
X U A N O Y X Z B I I D Y Z R W N H N U A L Y H L N A W N B L
U V I T O E Q M C N L F U S U N N K G K B E B X E R J J A T E
A P S W S F S C D E L U J W I A P G F X P X A O A J W X I N D
H D A X K L N Z A B X M T M T A Q A O G M B T B F L Z K L Q
D G J E L K G V H X P L M K E Y I M X C A M P X N S K N E Z W
O U B F W L C W E V U B P Y A M W X R S W K L K O V D I R W E
O W A H J W T N Z I X Q H H T S R U U G Y Q V N S B L N B R S
O U D E J Z U F K T F G R A I A G B G X V D Q I E R A X Q D A
R W A J B Q G D A R T L L T N X D R A H Y Q E S D B K A N W F
K L I T T L E B R O W N V Q G X P X K P G T S N C P Z F X L C

Hoary Bat
Little Brown Bat
Big Brown Bat
California Leaf-Nosed Bat
Mexican Free-Tailed Bat

Pallid Bat
Brown Long-Eared Bat
Great Fruit-Eating Bat
Spotted Bat
Desert Long-Eared Bat

Canyon Bat
Mariana Fruit Bat
Peter's Dwarf Epauletted Fruit Bat
Grey-Headed Flying Fox

More Bats

```
I I N Z T W R F O T E S A M L Q O I K A I O G Z A B J E J I C D
O N D U G X P F T R O R M N Z U U Q U O J K A T T D H M A N Z I
W B R Q K P V O C K H L Z O D V E D N E X O J W D K B V D T S
T U L T S J H R U Y P O M Z W W A N O B M J M C D F J N O I V G
K N W L Q H A W P S Q S N B W W Z S T X R F G V K Z E N A W B
J I L M D O M X Z U E T W A X M T W B L B B Z W N M F Z D N U A
T O C O Q N M Y U L R G I T I Q E T G O P I Z Z X W T C F C O
P R P X C D E M A A T J O E H Y R U E X G D T Z Z E M Y B A B H
Q D V M E U R H U W J G F Y B G N Z F C J X E G R D E M U L G Z
J J H M K R H M S E O W G H S R V U Z U D V C C O D Y N S B R
L R W Q E A E H S S K E H O O X E O Q Y C T F G I I U U E O V
P D V Z G N A O T I N L K W V Q D P K U F B I L U M T L Z V Q G
T S L K Y W D F G F H D S A Q U E H T X Z J R Q S E Z I A V V
B J X T P H E D W L Z J X D E M E P S D E X B V A J R H L M G M
Q I J S T I D H S Y D D O X D S P I H L U K Z M O Z R R V P T Y
I L R U I T Q Y B I G E A R E D W O O L L Y I T P Z A E V I A F
C G W J A E D E T N Z M W E W D Q D L O O M V J G B N F J R T L
R Z O G N U S O P R A N O P I P I S T R E L L E H H E V V E N G
A R O E F F L A M Q N J J I E S F Z G N U I R U S X A S B B E I
S L P Y R X M K R C L L P J E S H D A N T I B A R E N I G A E U
X M V S U A I N D I A N F L Y I N G F O X Q N M S Z H N M T V F
K C S M I X U N O B H R E W D C B B D U C G X Y W R O K F C B H
E U D S T Q I K O C S M F Z E Y U A Q N O M N M B P R E E F L P
L J T T X O E P Z H A B S N E O Y G B Z F N Y E W O S V Y D F K
F G E M A Y D N X W A P O D O C E J H X X F Y K U V E K L W U B
I H M X N S J C T K K G G J M A V S X S N H B Q V R S I B X G Y
H O P N D T W G D Y K J P L V X A N H D Q S V D G M H O Z A J J
Q S Z D A A L E S S E R S H O R T N O S E D P O M X O H Z Q N U
J T H H V M P O S D L G G U A U I B P O S S Z D P I E D B A T W
J B Z W U P P I K F Y S P E C T A C L E D H Y L M O X F E J J U
H A Y L N P L I U Q H X H L L G B U I K O V U M H G C E T X W V
U T M X D Y N Q R G S E F G K R D X N Q Z L V U S W K G Z J L B
```

Ghost Bat

Hammer-Headed Bat

Lesser Short-Nosed Fruit Bat

Honduran White Bat

Mediterranean Horseshoe Bat

Eastern Red Bat

Soprano Pipistrelle

Big-Eared Woolly Bat

Pied Bat

Sulawesi Flying Fox

Indian False Vampire Bat

Spectacled Flying Fox

Egyptian Fruit Bat

Indian Flying Fox

Toucans

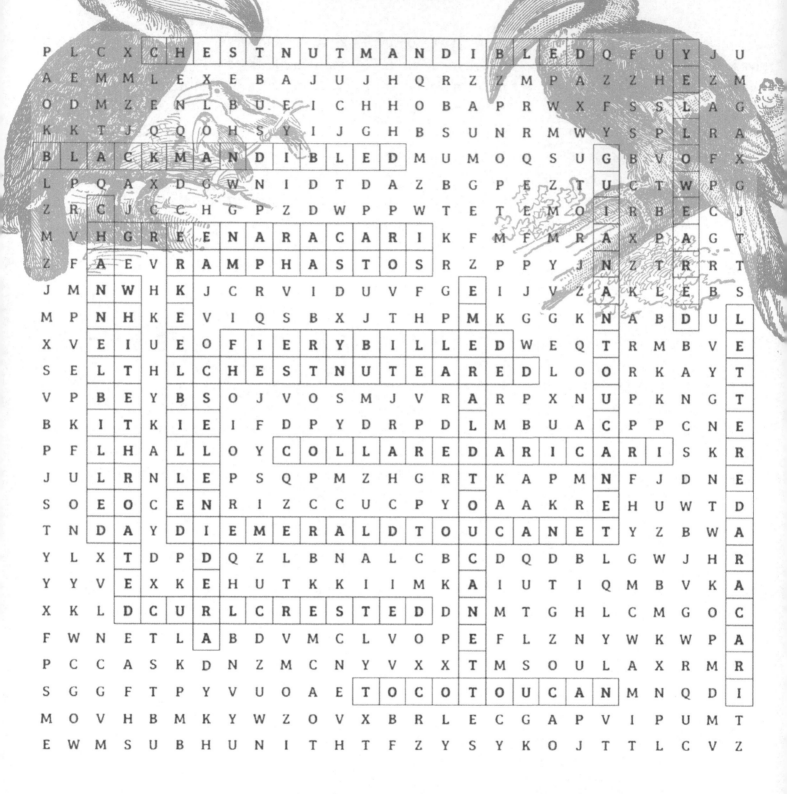

```
P L C X C H E S T N U T M A N D I B L E D Q F U Y J U
A E M M L E X E B A J U J H Q R Z Z M P A Z Z H E Z M
O D M Z E N L B U E I C H H O B A P R W X F S S L A G
K K T J Q Q O H S Y I J G H B S U N R M W Y S P L R A
B L A C K M A N D I B L E D M U M O Q S U G B V O F X
L P Q A X D C W N I D T D A Z B G P E Z T U C T W P G
Z R C J C C H G P Z D W P P W T E T E M O I R B E C J
M V H G R E E N A R A C A R I K F M F M R A X P A G T
Z F A E V R A M P H A S T O S R Z P P Y J N Z T R R T
J M N W H K J C R V I D U V F G E I J V Z A K L E B S
M P N H K E V I Q S B X J T H P M K G G K N A B D U L
X V E I U E O F I E R Y B I L L E D W E Q T R M B V E
S E L T H L C H E S T N U T E A R E D L O O R K A Y T
V P B E Y B S O J V O S M J V R A P X N U P K N G T
B K I T K I E I F D P Y D R P D L M B U A C P P C N E
P F L H A L L O Y C O L L A R E D A R I C A R I S K R
J U L R N L E P S Q P M Z H G R T K A P M N F J D N E
S O E O C E N R I Z C C U C P Y O A A K R E H U W T D
T N D A Y D I E M E R A L D T O U C A N E T Y Z B W A
Y L X T D P D Q Z L B N A L C B C D Q D B L G W J H R
Y Y V E X K E H U T K K I I M K A I U T I Q M B V K A
X K L D C U R L C R E S T E D D N M T G H L C M G O C
F W N E T L A B D V M C L V O P E F L Z N Y W K W P A
P C C A S K D N Z M C N Y V X X T M S O U L A X R M R
S G G F T P Y V U O A E T O C O T O U C A N M N Q D I
M O V H B M K Y W Z O V X B R L E C G A P V I P U M T
E W M S U B H U N I T H T F Z Y S Y K O J T T L C V Z
```

Keel-billed Toucan

Black-mandibled Toucan

Fiery-billed Aracari

Collared Aricari

Emerald Toucanet

Yellow-eared Toucanet

Chestnut Eared Aracari

Curl-Crested Aracari

Emerald Toucanet

Lettered Aracari

White Throated Toucan

Toco Toucan

Channel-billed Toucan

Ramphastos

Guianan Toucanet

Selenidera

Green Aracari

Chestnut-mandibled Toucan

Gulls & Terns

Aleutian Tern
Arctic Tern
Black Noddy
Black Skimmer
Black Tern
Black-headed Gull
Black-legged Kittiwake

Black-tailed Gull
Bonaparte's Gull
Bridled Tern
Brown Noddy
California Gull
Caspian Tern
Common Tern
Herring Gull

Elegant Tern
Forster's Tern
Franklin's Gull
Glaucous Gull
Glaucous-winged Gull
Great Black-backed Gull
Gull-billed Tern
Heermann's Gull

More Gulls & Terns

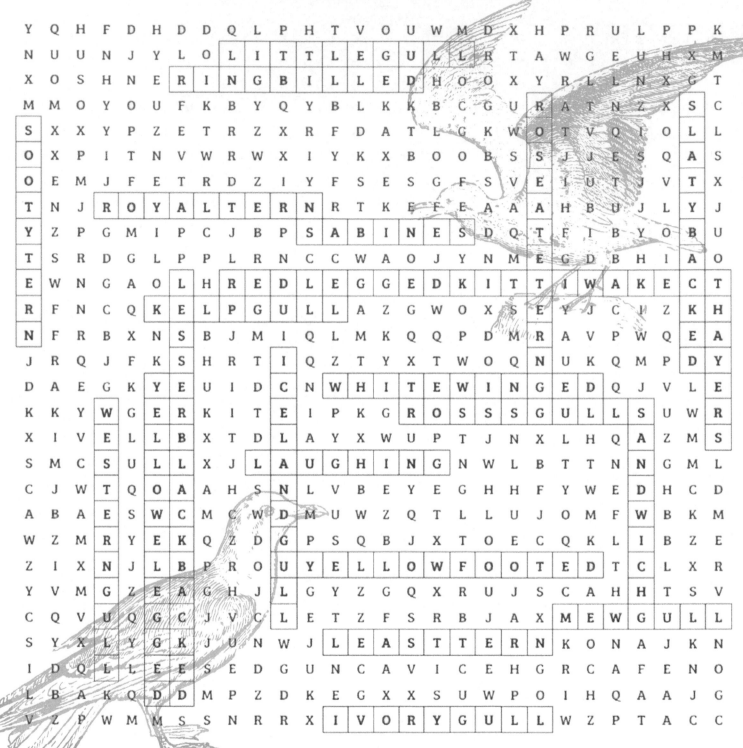

Y Q H F D H D D Q L P H T V O U W M D X H P R U L P P K
N U U N J Y L O L I T T L E G U L L R T A W G E U H X M
X O S H N E R I N G B I L L E D H O O X Y R L L N X G T
M M O Y O U F K B Y Q Y B L K K B C G U R A T N Z X S C
S X X Y P Z E T R Z X R F D A T L G K W O T V Q I O L L
O X P I T N V W R W X I Y K X B O O B S S J E S Q A S
O E M J F E T R D Z I Y F S E S G F S V E I U T J V T X
T N J R O Y A L T E R N R T K F E A A A H B U J L Y J
Y Z P G M I P C J B P S A B I N E S D Q T F I B Y O B U
T S R D G L P P L R N C C W A O J Y N M E G D B H I A O
E W N G A O L H R E D L E G G E D K I T T I W A K E C T
R F N C Q K E L P G U L L A Z G W O X S E Y J C I Z K H
N F R B X N S B J M I Q L M K Q Q P D M R A V P W Q E A
J R Q J F K S H R T I Q Z T Y X T W O Q N U K Q M P D Y
D A E G K Y E U I D C N W H I T E W I N G E D Q J V L E
K K Y W G E R K I T E I P K G R O S S S G U L L S U W R
X I V E L L B X T D L A Y X W U P T J N X L H Q A Z M S
S M C S U L L X J L A U G H I N G N W L B T T N N G M L
C J W T Q O A A H S N L V B E Y E G H H F Y W E D H C D
A B A E S W C M C W D M U W Z Q T L L U J O M F W B K M
W Z M R Y E K Q Z D G P S Q B J X T O E C Q K L I B Z E
Z I X N J L B P R O U Y E L L O W F O O T E D T C L X R
Y V M G Z E A G H J L G Y Z G Q X R U J S C A H H T S V
C Q V U Q G C J V C L E T Z F S R B J A X M E W G U L L
S Y X L Y G K J U N W L E A S T T E R N K O N A J K N
I D Q L E E S E D G U N C A V I C E H G R C A F E N O
L B A K Q D D D M P Z D K E G X X S U W P O I H Q A A J G
V Z P W M M S S N R R X I V O R Y G U L L W Z P T A C C

Iceland Gull
Ivory Gull
Kelp Gull
Laughing Gull
Least Tern
Lesser Black-backed Gull
Little Gull

Mew Gull
Red-legged Kittiwake
Ring-billed Gull
Roseate Tern
Ross's Gull
Royal Tern
Sabine's Gull

Sandwich Tern
Slaty-backed Gull
Sooty Tern
Thayer's
Western Gull
White-winged Tern
Yellow-footed Gull
Yellow-legged Gull

Hawks & Eagles

Harris's Hawk
Hook-billed Kite
Mississippi Kite
Northern Goshawk
Northern Harrier
Red-shoulder Hawk
Red-tailed Hawk
White-tailed Kite

Bald Eagle
Broad-winged Hawk
Common Black Hawk
Cooper's Hawk
Ferruginous Hawk
Golden Eagle
Gray Hawk

Rough-legged Hawk
Sharp-shinned Hawk
Short-tailed Hawk
Snail Kite
Swainson's Hawk
Swallow-tailed Kite
White-tailed Hawk
Zone-tailed Hawk

Herons, Egrets, Bitterns, Flamingo & Grebes

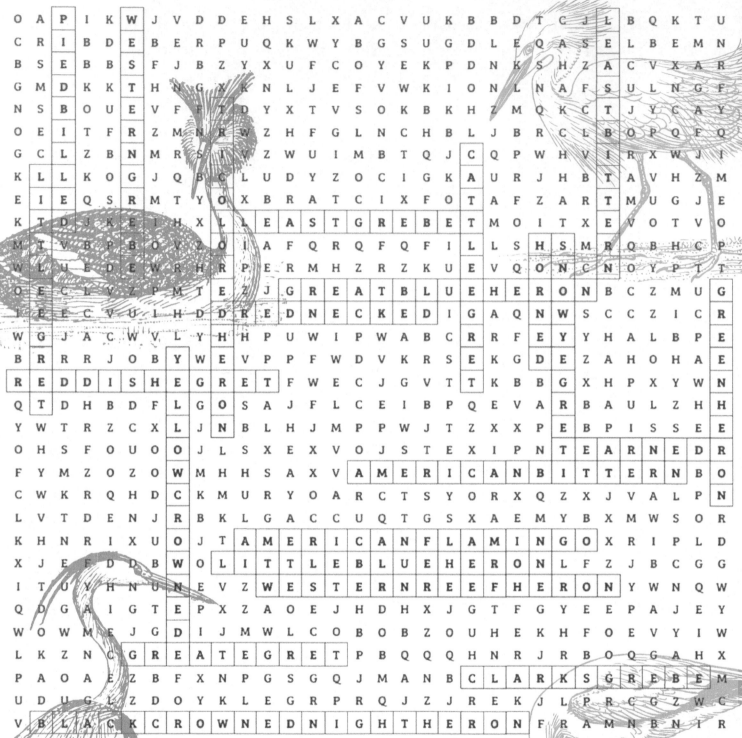

American Bittern

Black-crowned Night-Heron

Cattle Egret

Great Blue Heron

Great Egret

Green Heron

Least Bittern

Little Blue Heron

Little Egret

Reddish Egret

Snowy Egret

Tricolored Heron

Western Reef -Heron

Yellow-crowned Night-Heron

American Flamingo

Clark's Grebe

Earned Grebe

Horned Grebe

Least Grebe

Pied-billed Grebe

Red-necked Grebe

Western Grebe

Hummingbirds

Allen's Hummingbird
Anna's Hummingbird
Beryline Hummingbird
Black-chinned Hummingbird
Blue-throated Mountain-gem
Broad-billed Hummingbird

Broad-tailed Hummingbird
Buff-bellied Hummingbird
Calliope Hummingbird
Costa's Hummingbird
Green-breasted Mango
Lucifer Hummingbird

Mexican Violetear
Plain-capped Starthroat
Rivoli's Hummingbird
Ruby-throated Hummingbird
Rufous Hummingbird
Violet-crowned Hummingbird
White-eared Hummingbird

Mockingbirds, Thrashers & Gnatcatcher

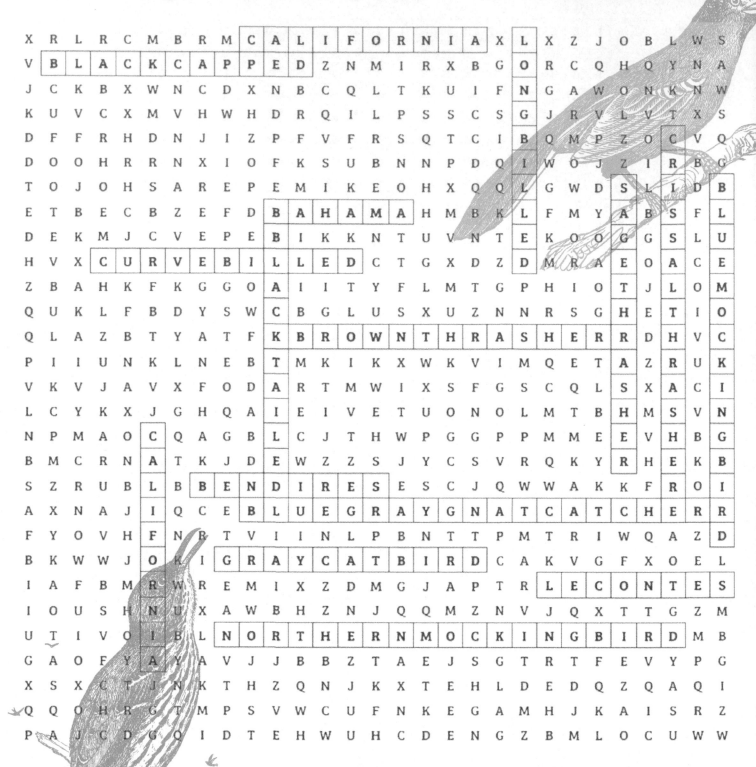

X R L R C M B R M C A L I F O R N I A L X Z J O B L W S
V B L A C K C A P P E D Z N M I R X B G O R C H O Y N A
J C K B X W N C D X N B C Q L T K U I F N G A W O N K N W
K U V C X M V H W H D R Q I L P S S C S G R V L V L V T X S
D F F R H D N J I Z P F V F R S Q T C I B Q M P Z O C V Q
D O O H R R N X I O F K S U B N N P D Q I W O J Z I R B G
T O J O H S A R E P E M I K E O H X Q Q L G W D S L I D B
E T B E C B Z E F D B A H A M A H M B K L F M Y A B S F L
D E K M J C V E P E B I K K N T U V N T E K O O G G S L U
H V X C U R V E B I L L E D C T G X Z D M R A E O A C E
Z B A H K F K G G O A I I T Y F L M T G P H I O T J L O M
Q U K L F B D Y S W C B G L U S X U Z N N R S G H E T I O
Q L A Z B T Y A T F K B R O W N T H R A S H E R R D H V C
P I I U N K L N E B T M K I X W K V I M Q E T A Z R U K
V K V J A V X F O D A R T M W I X S F G S C Q L S X A C I
L C Y K X J G H Q A I E I V E T U O N O L M T B H M S V N
N P M A O C Q A G B L C J T H W P G G P P M M E E V H B G
B M C R N A T K J D E W Z Z S J Y C S V R Q K Y R H E K B
S Z R U B L B B E N D I R E S E S C J Q W W A K K F R O I
A X N A J I Q C E B L U E G R A Y G N A T C A T C H E R R
F Y O V H F N R T V I I N L P B N T T P M T R I W Q A Z D
B K W W J O K I G R A Y C A T B I R D C A K V G F X O E L
I A F B M R W R E M I X Z D M G J A P T R L E C O N T E S
I O U S H N U X A W B H Z N J Q Q M Z N V J Q X T T G Z M
U T I V O I B L N O R T H E R N M O C K I N G B I R D M B
G A O F Y A Y A V J J B B Z T A E J S G T R T F E V P G
X S X C T J N K T H Z N J K X T E H L D E D Z Q A Q I
Q Q O H R G T M P S V W C U F N K E G A M H J K A I S R Z
P A J C D G Q I D T E H W U H C D E N G Z B M L O C U W W

Bahama Mockingbird
Bendire's Mockingbird
Blue Mockingbird
Brown thrasher
California Thrasher

Crissal Thrasher
Curve-billed Thrasher
Gray Catbird
LeConte's Thrasher
Long-billed Thrasher

Northern Mockingbird
Sage Thrasher
Black-capped Gnatcatcher
Black-tailed Gnatcatcher
Blue-gray Gnatcatcher
California Gnatcatcher

New World Quail & Vultures & Nightjars

California Quail	Black Vulture	Common Nighthawk
Gambel's Quail	California Condor	Common Pauraque
Montezuma Quail	Turkey Vulture	Common Poorwill
Mountain Quail	Antillean Nighthawk	Eastern Whip-poor-will
Northern Bobwhite	Buff-collared Nightjar	Lesser Nighthawk
Scaled Quail	Chuck-will's-widow	Mexican Whip-poor-will

New World Sparrows

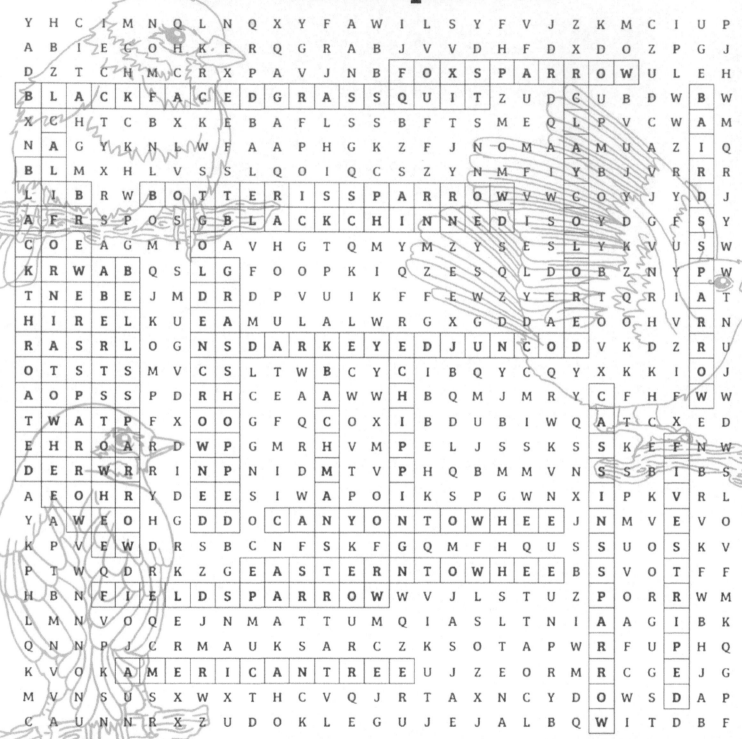

Abert's Towhee
American Tree Sparrow
Bachman's Sparrow
Baird's Sparrow
Bell's Sparrow
Black-chinned Sparrow
Black-faced Grassquit

Black-throated Sparrow
Botteri's Sparrow
Brewer's Sparrow
California Towhee
Canyon Towhee
Cassin's Sparrow
Chipping Sparrow

Clay-colored Sparrow
Dark-eyed Junco
Eastern Towhee
Field Sparrow
Five-Striped
Fox Sparrow
Golden-crowned Sparrow
Grasshopper Sparrow

More New World Sparrows

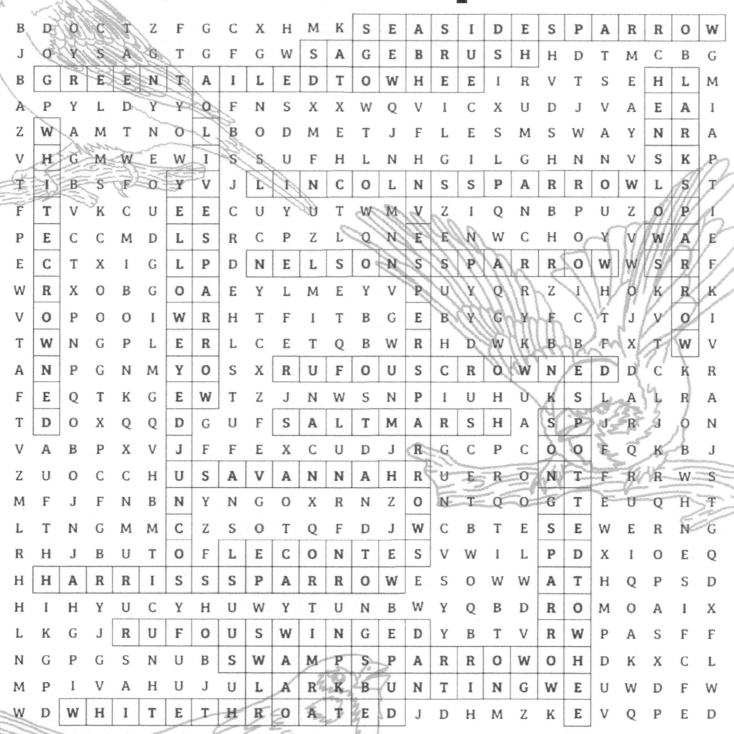

Green-tailed Towhee
Harris's Sparrow
Henslow's Sparrow
Lark Bunting
Lark Sparrow
LeConte's Sparrow
Lincoln's Sparrow

Nelson's Sparrow
Olive Sparrow
Rufous-crowned Sparrow
Rufous-winged Sparrow
Sagebrush Sparrow
Saltmarsh Sparrow
Savannah Sparrow

Seaside Sparrow
Song Sparrow
Spotted Towhee
Swamp Sparrow
Vesper Sparrow
White-crowned Sparrow
White-throated Sparrow
Yellow-eyed Junco

Northern Storm Petrels, Ibises, Spoonbills & Other's

W P R V H D Y A P Q G S E L Y T E Q X Y F L T H X L V
E W A Z G C W K Q X M S J E B W A W Q D G O Z C B D G
L T Z J L D T O U W Z I J A L E U K S P R H E O E D M
O A Z Y O N G G G Y B K H P S A D I A N E E O G P L Z W
M Q S X S T L D F R K U W T C G R H P S E M R T T M K
K Q W P S T E A I H A B Q S K E J Y N Y N U M U E E Y
O J P K Y Q A S A R U F Q T S R Q E Q N K D A K D D R
D P L B I C C N E J G L J O T U S K J V I L E T K R K
K X C W B O H Q E E G J I R O M I G Y X N W B U I E C
D S Q S I I S Q R F V I V M R P K T O J G H C G N M J
R W B R S K S M P O R P U P M E O L H K F I R V G G N
U H Q Y W M T A L P Z C A E P D T H R I I T D R F C H
H F O R Z G O J S X P F F T E P B X B C S E O R I C U
W V F K Q H R V U Z S Q J R T J C N I T H F Q R S Y A
U L X Y C L M I L Y I T K E R B P E X Z E A G A H S L
U P X K H B P G M H Q G E L E T M G P U R C K W E D X
F G P Y J D E L I U J O J I L E D K L T W E S K R L G
O R O S E A T E S P O O N B I L L W N A R D L S S V M
X M R P L Q R N Q D R I N G E D K I N G F I S H E R C
R N O R T H E R N J A C A N A Q N G T G F B V N R D M
H Y G X O G L Z B L H I Z W O F O R K T A I L E D B D
W F N L R B Q B A N D R U M P E D H I X A S V P O H J
D D Y G K L Y W H I T E I B I S Q V Q M V C G G P F
G A S H Y S T O R M P E T R E L I K K V R K Q R J H X
T B Q Q L X N U E P Z B G O L D E N C R O W N E D X
Y W E J V L F K O X B Q R R M K H K W W M K P
I P P Y J W T W I W B P E R U B Y C R O W N E D I E W

Ashy Storm-Petrel
Band-rumped Storm-Petrel
Black Storm-Petrel
Fork-tailed Storm-Petrel
Leach's Storm-Petrel
Least Storm-Petrel

Wedge-rumped Storm-Petrel
Glossy Ibis
Roseate Spoonbill
White Ibis
White-faced Ibis

Northern Jacana
Belted Kingfisher
Green Kingfisher
Ringed Kingfisher
Golden-crowned Kinglet
Ruby-crowned Kinglet

A Bunch of Random Birds

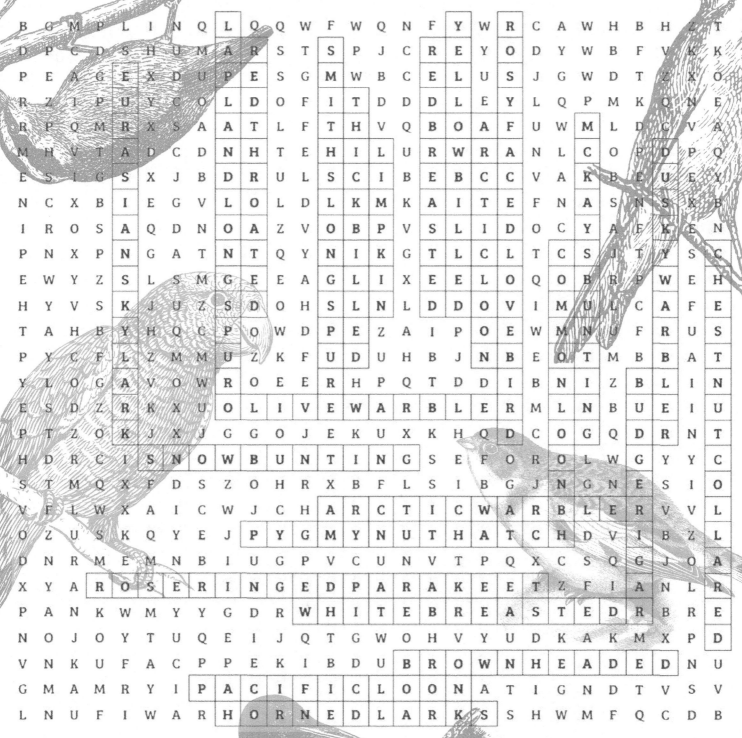

Eurasian Skylark
Horned Larks
Arctic Warbler
Dusky Warbler
Limpkin
Chestnut-collared Longspur
Lapland Longspur
McKay's Bunting

Smith's Longspur
Snow Bunting
Thick-billed Longspur
Arctic Loon
Common Loon
Pacific Loon
Red-throated Loon
Yellow-billed Loon

Budgerigar
Rose-ringed Parakeet
Rosy-faced Lovebird
Brown-headed Nuthatch
Pygmy Nuthatch
Red-breasted Nuthatch
White-breasted Nuthatch
Olive Warbler

Owls

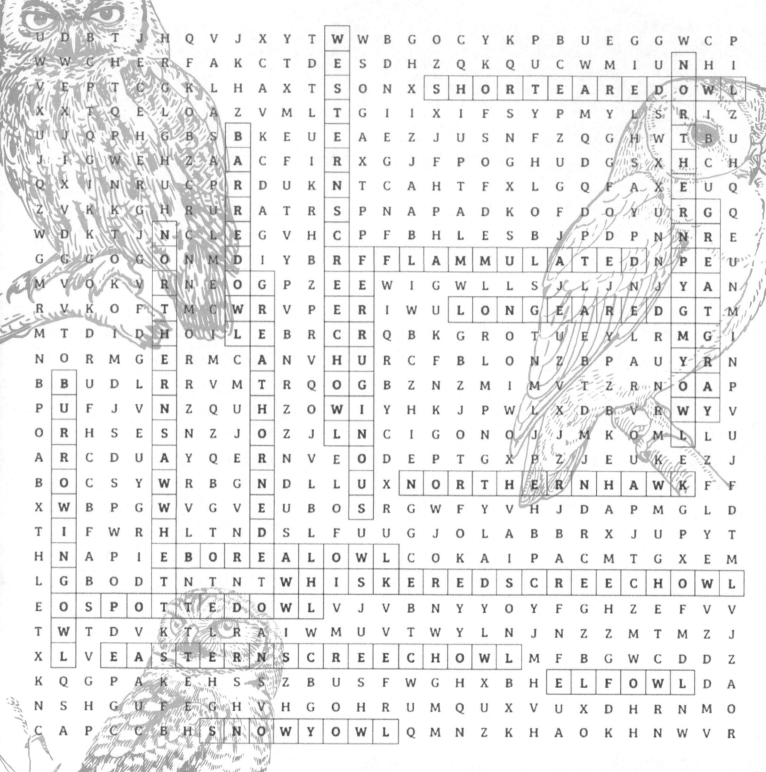

Barred Owl
Boreal Owl
Burrowing Owl
Eastern Screech-Owl
Elf Owl
Ferruginous Pygmy-Owl

Flammulated Owl
Great Gray Owl
Great Horned Owl
Long-eared Owl
Northern Hawk Owl
Northern Pygmy-Owl

Northern Saw-whet Owl
Short-eared Owl
Snowy Owl
Spotted Owl
Western Screech-Owl
Whiskered Screech-Owl

Pheasants & Grouse

Black Francolin
Chukar
Dusky Grouse
Gray Partridge
Greater Prairie-Chicken
Greater Sage-Grouse

Gunnison Sage-Grouse
Himalayan Snowcock
Lesser Prairie-Chicken
Ring-necked Pheasant
Rock Ptarmigan
Ruffed Grouse

Sharp-tailed Grouse
Sooty Grouse
Spruce Grouse
White-tailed Ptarmigan
Wild Turkey
Willow Ptarmigan

Old World Birds, Pigeons & Doves

F V Y K K H F R E B S C V R U D D Y Q U A I L D O V E C F L
K X V T B H F L D G L S I W E W E K R M N V P U Q S K S W S T B
J P I Y F T R J F G A V T O G F I S S N E R A Y B I C G L W
D N L I R S I A Y C B H I A T H Y S S F U Q D H D B V W C Q
M O U R N I N G R F Z X O I G Z P I T Z R G A Z I E B V X M
R U D D Y G R O U N D D Q N S C K D K E A W D F G R L F D Q
N T B Q S L C N J U H U N C Y Y E Q N N S O D X Z I Y M Y F
H E U H V U O C K W I I A A G S Y M R A I O Z E O A X N Z C
W M R O C K P I G E O N I D L L W G W I A A K W K N G A A O
Q I V R S Q T J K D J K O O N P E D X D N Z H V D R E M Q M
B L U E T H R O A T L K Z V A G S N M A C K O V Q U F K W M
J V M D C V O L Q T H S P E L U T S I D O G N J W B C A E O
K A R B T K M O J R Z W Y T N U Q P B O L W O O S Y F N R N
T W E I P Z L R O W T H F F Q J U O A V L Y G N O T O X U G
Z H Y L N R Z I Z F I I O D R I A T N E A Q H Q U H L W S R
I I I L Q E Z E V N U T K F S L I T D X R W O R X R X S T O
K T R E C A R N W A L E P X H Y L E T C E G U T N O E H I U
S E L D G T W T M V T C A M X R D D A Y D N S K E A L C C N
Q W M P M Q Y A L H B R H Q A S O D I O D P E E Z T I P B D
Q I X I J I N L Y Q C O Z K P J V O L P O A S F Q Q T K U L
V N F G X P O T T J B W O A V B E V E X V O P O O M T D N Y
L G Y E A D O U O H W N U S I H V E D J E F A K Y O L H T V
A E I O D F C R T M N E O E U R A S I A N T R E E C E F I H
Y D T N X W R T J B X D O O O H U V C M E H R Z L Y B C N V
Z F G V E C A L S P H H L H I K W G T E U B O O C B U V G Q
U V K G J Y J E K J I Y V Z A P X J T J W M M W S S U N K J L
J J A L H P C D Q K Q S R Q R T J D Z Z S J C E M H T A B G
M O L U Q Z Y O M O M O E V A B H Q K J X W L D H I W Y I
T X G K F K R V U N O R T H E R N W H E A T E A R Y N A G
D C X S C X Y E S W H I T E T I P P E D X N U C P N G P M

Word List

Little Bunting
Rustic Bunting
Bluethroat
Northern Wheatear
Siberian Rubythroat
Eurasian Tree Sparrow
House Sparrow
Band-tailed Pigeon

Common Ground Dove
Eurasian Collared-Dove
Inca Dove
Key West Quail-Dove
Mourning Dove
Oriental Turtle-Dove
Red-billed Pigeon

Rock Pigeon
Ruddy Ground Dove
Ruddy Quail-Dove
Spotted Dove
White-crowned Pigeon
White-tipped Dove
White-winged Dove
Zenaida Dove

Made in the USA
Middletown, DE
16 January 2023

22247069R00084